王吉鹏 ◎ 著

集团管控

Group Control

（第五版）

中国人民大学出版社
·北京·

集团管控首先是对战略的管控，重点落在对组织的管控。

在经营管理实践中，众多的企业管理者发现：随着规模的不断扩张，集团公司及其成员企业的指挥协调系统、管理汇报系统及业绩评价系统等逐渐趋于复杂和难以掌控。集团如何实现产业投资最优组合？集团规模如何持续增长？如何实现从有规模的增长转变成有价值的增长？集团总部定位不清，职责不明，管理错位、越位现象严重，该如何解决？集团企业应当如何发挥协同效应，进行合理的资源配置？如何实现“母合优势”？集团总部各职能部门如何做到职责清晰，管理有序？如何通过合理高效的组织变革实现有价值的增长？

这些问题都是集团经营发展中经常发生的，普遍存在于众多的集团企业里。要解决好这些问题，就必须做好适用、有效的集团管控，否则只能是问题此起彼伏、愈演愈烈，组织运营效率低下：领导急得团团转，忙得不可开交，下级却无所适从，有劲无处使。

集团管控的最终目的是集团价值最大化，具体体现在母公司做制度安排，从集团和母公司层面进行大方向、大格局的战略体系安排，将各个子公司的战略和运作纳入集团整体框架；子公司基于制度约束，在集团安排的既定轨迹中创新，以集团整体为重，为集团整体价值最大化服务。集团管控模式是个相对概念，其实质是明确集团公司与事业部、分（子）公司间的集分权关系。

企业集团既有规模性的优势，又具有组织结构上的优势，它保留着单一法人企业内部管理的权威性，可以用“看得见的手”进行集团内部的资源配置，实现集团的战略协同优势，实现企业快速发展的战略要求。

企业集团的负责人通过本书可以在集团管控中“走捷径”：企业集团的特征是业务复杂、地域分散、机构庞大，在企业扩张过程中，传统的企业基础管理模式已经无法满足企业集团的发展需要。这就需要企业通过构建现代集团型管控模式，分清主次，明确总部定位，对不同业务采取不同的管控模式，减轻总部业务管理压力，强化总部管控能力、投资管理能力、战略管理能力、业务协同能力。对于企业集团而言，在具体的设计过程中，首要任务是明确各业务的定位，以主业为核心，分清其他业务的从属地位。

管控使得诸侯经济上升为集团经济。集团及其下属的子公司或子单元，不是单纯的参股、资本关系，而是集团整体协同效应的体现，母公司通过管控对子公司进行统一的管理和资源的整体协调，对剩余控制力进行配置，对剩余绩效进行分配考核，使子公司强强联合、优劣互补，实现集团整体协同效应，整体对外进行利益扩张和影响力放大。

本书结合经济社会发展新特征、改革创新新特点，分析未来集团管控的新趋势，并在此基础上，对集团管控体系、组织模型及管控要素进行重新梳理。本书对我们以前的有关集团管控的战略管理体系、组织管理体系、权责管理体系、业绩管理体系、文化与品牌管理体系等进行知识更新，并剖析法人治理、融投管控、金控集团管控等当前企业改革重点难点问题。本书还收集了典型的集团管控案例，以加深对集团管控的系统阐释。

《集团管控（第五版）》一如既往地洞察前沿，一如既往地落地实操，以大量经典管控案例为基础，结合企业管控需求，帮助企业构建既满足业务板块的灵活性又能够实现有效管理的管控模式。

目录

GROUP CONTROL

第七章

集团文化品牌管理体系

第八章

法人治理

第九章

集团管控的其他要素

第十章

金控集团的管控

第一章

集团管控新趋势

GROUP
CONTROL

越来越感受到，这个世界变了；这个时代扔掉你的时候，都不会跟你说一声再见。① 阿里收购大润发，创始人黄明端辞任时发文表示："我战胜了所有对手，却输给了时代。"

我在2006年出版的第一版《集团管控》中就曾经讲过，集团管控的意义，就如同掌舵风暴中行驶的巨轮，外部环境越凶险，整体调度越重要。

集团企业所面临的复杂的内外部环境可归纳为图1-1和图1-2。

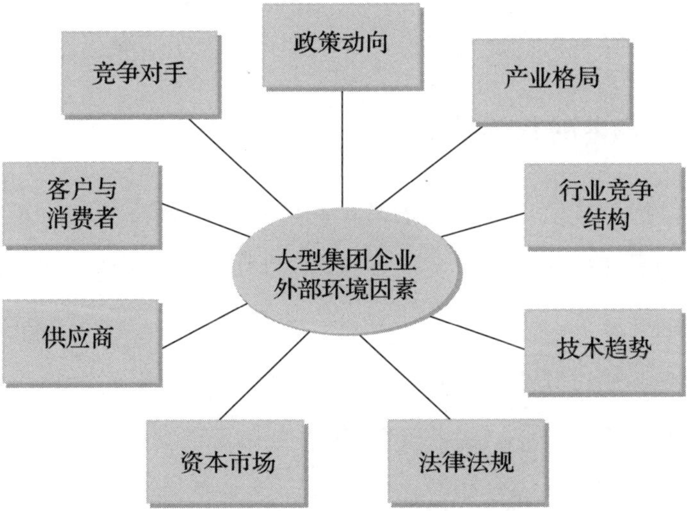

图1-1　大型集团企业的外部环境

① 张泉灵．阿里224亿拿下大润发：时代抛弃你时，连一声再见都不会说．搜狐财经，2018-02-28.

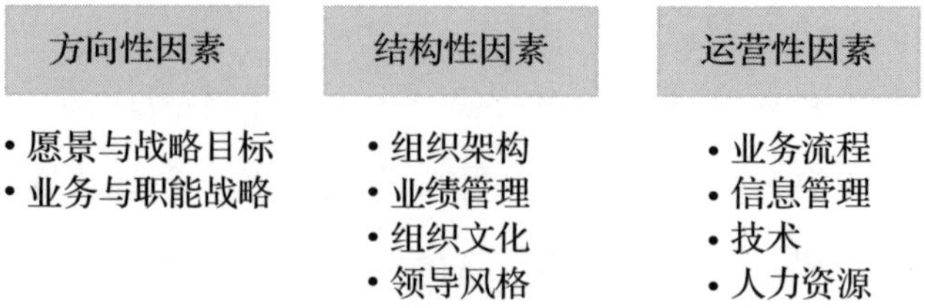

图 1－2　影响大型集团企业的内部管理因素

第一节　新商业时代的管理创新

互联网不但造就了苹果、谷歌、甲骨文、脸书、YouTube、淘宝、腾讯、百度等一大波互联网巨头，成为当今世界富豪的聚集地，并且对社会组织形式、治理形式产生了深远影响。

一、新商业时代的特征

以信息技术和网络技术为核心的第三次科技革命，正在颠覆性地改变工业革命以来所形成的经济形态和增长模式。网络环境的开放性、虚拟性、交互性、平等性与共享性等特征使得人们能够通过互联网与身处不同地域范围的人随时随地进行双向或多向信息交流，由此产生的时空距离的缩短和交易成本的降低使得商业环境发生了巨大改变，企业面临许多前所未有的挑战。这些挑战大体可分四种类型[①]：

① 张志强．互联网时代的商业变革．https://wenku.baidu.com/view/8e86789970fe910ef12d2af90242a8956aecaa5b.html，2017－07－13.

1. 消费者权力上升的挑战

互联网改变了信息不对称的状态，方便了消费者获得市场信息。随着越来越多的产品和服务供过于求，市场的支配力量逐渐由企业向消费者转移。消费者权力的上升驱动企业资源配置从以工业时代大规模、标准化生产制造为中心转向以消费者的需求为中心，原本为直线的价值链逐渐向以消费者为中心的圈环式价值创造单元转变，市场部门、研发部门、制造部门等各个价值创造环节都直接与消费者对接，企业与消费者实现价值的共创共享已经成为一个重要发展趋势。

2. 价值个性化的挑战

消费者权力的上升也意味着消费者可以更加充分自由地表达自己个性化的价值主张；互联网打破了传统媒体的垄断，促进了多元价值的传播，推动市场进入价值个性化时代。消费者在社会阶层、价值观念、审美趣味、消费方式等方面的巨大差异得到彰显，大众消费正在向分众消费深入发展，市场正在裂变为难以计数的“碎片”，碎片化的市场反映了消费者个性化的需求，如何应对不断发生的市场裂变，充分挖掘快速裂变的消费者需求，成为商业模式创新的关键环节。如何尊重知识员工个性化的价值，提高他们的生产率，成为 21 世纪每个企业必须面对的最大挑战。

3. 网络传播效应的挑战

网络传播有独特的效应和规律，在网络环境下成长起来的一代对社交网络的信任往往超过传统媒体和广告，商品和服务一旦获得网络一代的青睐，需求往往呈现爆发式的增长。

4. 大规模协作的挑战

互联网时代是一个大众共同参与经济活动的新时代，从免费的因特网电话到公开的软件资源，再到全球外包平台，这些新的低成本合作的基础设施使得资源整合可以轻易突破企业和国家界限。分布在全球范围的千千万万的个人或企业能够同步进行发明、生产、销售活动，知识生产者所形成的巨大的自组织网络将会挑战传统公司，成为生产主体。这种大规模协作能力的出现奠定了新的商业规则，要么掌握和利用这种能力，要么被市场无情淘汰。如何彻底地置身于全球化的大环境当中，在全球范围内进行资源和能力的整合与配置，建立一个全球协作大平台，如何把握大规模协作带来的商业机遇，如何充分释放内外大量资源的创新潜力，已经成为企业生存与发展无法回避的命题。

总体上看，互联网时代商业环境的变化已经广泛触发了企业商业模式的调整与变革，旧的组织结构和层级制无法产生竞争所需的灵活性、创造力和分享机制，对传统商业流程实施“零星的改革”已经无济于事，战略性的、企业级的、贯穿整个价值链的深度变革才能使企业真正获得制胜的先机，最终的获胜者将是那些创造大量知识并将知识快速转化为消费者价值的企业。

二、新商业时代企业管理新特征

互联网是人类最伟大的发明之一，移动互联改变、创新、颠覆着人类社会的方方面面。没有成功的企业，只有时代的企业，所谓成功只不过是踏准了时代的节拍。企业如果不能与时俱进，就是退步，就会被市场淘汰，被时代抛弃。我们简单归纳了移动互联网时代企业管理的八大新特征。①

1. 移动互联推动企业管理与组织创新

传统的金字塔科层模式组织结构等级分明，结构稳定，决策指挥从上到下，流程严谨，作业标准化，常见类型有直线制、职能制、事业部制、矩阵化组织。缺点是管理成本高，协同性差，决策效率低。

过渡阶段既有金字塔科层模式组织结构，又有网状组织，组织架构中有中心也有次级组织，次级组织之间彼此连接，层级有上下，属于开放型组织。

发展到后来是完全的网状组织，纯粹以项目、任务为导向，采用自组织模式，节点负责协调组织而非控制指挥，容错度高，可快速迭代，沟通执行更高效。缺点是缺乏固定的从属关系，结构比较自由，不稳定。

然而，企业管理与组织创新往往落后于技术创新的步伐，移动互联网的广泛应用及大规模定制颠覆了泰勒的科学管理理

---

① 杨剑侠．互联网时代企业管理的八大特征．企业家信息，2017（4）．

论，混沌理论颠覆了法约尔的一般管理理论，互联网的去中心、去中介、自组织化的组织形态颠覆了韦伯的组织理论科层制，西方古典管理理论不再适用于移动互联网时代。

2. 移动互联网时代企业的边界在消失

在海尔的管理实践中，张瑞敏创造了“日事日毕、日清日高”的 OEC 管理模式、人人面向市场的“市场链”管理模式、人单合一双赢模式，备受企业界和管理学术界推崇。

在移动互联网时代，淡化中层的层级数量是未来组织转型的趋势之一。“听得见炮火的一线”已经具备节点到节点的沟通协同能力，并能形成自组织工作。每个员工都可能成为自组织的核心，负责自组织的经营决策和日常管理，每个员工都可能同时成为他组织的一员，承担他组织赋予的职能，员工评价可以是来自不同圈子的评价汇总，多维组织生态充分体现互联网去中心化、去中介化的管理特征。

企业、员工、用户、合作方的关系链、商业链、生态链都将改变，移动互联网时代的企业将呈现无中心、无节点、无边界的形态。

在移动互联网时代，企业的边界在消失，跨界竞争越来越多，生产者和消费者的边界不再明显，员工、产品、社群越来越无边界化，C2M 大规模定制崛起，科层制组织逐步失去活力，动态多维的网状组织正在崛起。

3. 以用户为核心的企业价值链变革

过去有句谚语“从南京到北京，买的不如卖的精”，说的是传统的生意利用信息不对称赚取利润的商业本质。在互联网时代，以企业为中心的传统价值链正逐步转变为以个人为中心的新价值链。

互联网“预言帝”凯文·凯利谈道：“在未来的二三十年，去中心化是不二法门。传统企业是线性增长，创新企业是指数增长；传统企业是自己完善产品，创新企业的产品是由客户来完善。”

4. 云计算与社交化成为企业运营变革新方向

云计算能降低企业 IT 建设的总体拥有成本（TCO），提升企业综合效率，随着传统企业＋互联网化，云计算逐渐成为企业级用户通过 IT 建设来实现管理创新的有效途径。

SaaS（Software as a Service）是未来云计算发展的主要方向之一，目前 SaaS 主要聚焦企业管理软件领域，部署快，费用低，安全级别高，功能快速迭代，业务永续，能将各项业务在云端进行有机整合，信息成本、交易成本、管理成本都会降低。随着云计算技术的提升，更多领域的 SaaS 将得到丰富，移动化场景下的互联应用将更加便捷，云计算在增加企业竞争力的同时成为传统企业启动变革的引擎。

随着互联网的不断发展，社交平台快速崛起，人们花在互联网上的时间更多了，线下的社交时间大大减少。企业级的社交将以员工为中心，通过人际互联来实现业务流程的驱动，所有业务都是围绕着人来进行整合，人真正成为管理的核心和终极目标。借助社交化的工具，人力资源管理也可以整合组织内外部的资源，打破组织和企业壁垒。

5. 大数据成为企业的标配

在移动互联网时代，快消品企业或者服务企业可以利用大数据进行精准营销，获得更多的用户和收益；利用长尾理论做小而美细分市场的企业可以利用大数据来设计更有竞争力的产品和服务；＋互联网的传统企业更加需要利用大数据保障转型的成功。

大数据企业级市场得到了广泛应用，尤其是商业机构，设定商业和管理目标并排序，通过建立大数据模型，并进行动态监控和管理，实现管理的数量化和精准化，及时给出管理建议，建立反馈体系，分析数据并迭代指标合理性，通过数据分析进行管理诊断和未来趋势预测。例如利用大数据“样本就是全数据”的优势，产品研发部门可以设计用户喜好的产品及服务，人力资源部门设计员工喜欢的考勤、假期、福利、团队建设、激励方案等。

6. CEO 是网红

网红化的本质就是社交网络化。根据 Weber Shandwick 的调研发现，2010 年只有 36％的公司 CEO 是网红企业家，2012 年这个比例是 66％，2015 年进一步上升至 80％。自 2010 年至今，网红企业家的比例提高了一倍多。

越来越多的企业意识到高大上的传统媒体已经不适合消费者的心理需求。网络直播作为新的市场营销方式，与用户和粉丝的直接互动更接地气，内容的传播更有影响力，用户和粉丝可以直接感受到企业的品牌与领导人的个人魅力。在全球范围内，企业家在社交网络上的存在和体现将越来越强，企业家的网红化已经成为大势所趋。

7. 共享经济模式重塑传统商业模式

互联网让分享变得更简单，维基百科的知识共享、Linux 系统开源代码、云计算都是共享经济的模式。

共享经济是随着移动互联网、云计算、大数据、社交网络、智能设备等技术和平台的广泛应用而发展起来的，共享经济颠覆了传统产权观，将所有权与使用权分离，实现超越时空限制的信息交流与分享，将闲置的资源提供给有需求的用户，目的在于对使用权的最大利用，鼓励人们分享彼此闲置的资源，从而实现资源利用率的最大化。优步（Uber）和爱彼迎（Airbnb）是共享经济模式的典范。

尽管目前还存在监管不足与安全缺陷，但共享经济的魔力在于对社会资源的重新分配与连接，这必将成为移动互联网时代一个重要的发展趋势。

8. 混沌动态不平衡

传统企业经营，追求的是动态平衡。所谓企业动态平衡发展，是指因内外环境发生变化，企业原有的平衡运转机制被打破，企业为此要按新环境要求重塑平衡，以此推动自身不断成长的周而复始的循环过程。

移动互联网时代，企业不能再追求长久的平衡，外部的变化非常快，系统内部保持均衡，静止了，就意味着僵化了，最终会停滞并走向死亡，被时代淘汰。

三、新商业思维下的管理创新[①]

互联网催生了商业模式变革，为企业探求突破性管理创新发展提供了思路、手段和条件，既是挑战更是机遇。

首先，互联网启发企业以网络式思维取代层级式思维，从根本上改变运营和管理的组织方式和资源配置方式，重塑组织内部的激励、约束机制，实现颠覆性的企业组织创新和管理关系创新。

其次，互联网推动企业以信息技术创新生产方式、重组运营流程和再造管理决策，从而有效提高运营效率和响应速度，减少运营成本和交易成本。

最后，互联网促进企业集成网络信息技术于传统产品和服务中，使产品和服务更加智能化、个性化。谁能抓住这些机遇，谁就能在新的时代背景下独占鳌头。

以海尔为例，海尔作为一家大型家电制造企业，适应互联网时代发展要求，通过管理变革推进转型升级具有重要借鉴意义，其商业模式与管理创新具体表现为以下方面：

1. 一切以市场为中心，始终将创造用户价值作为商业流程的焦点

互联网时代市场“碎片化”，正确把握市场需求、不断创造

---

① 互联网时代的商业模式变革. http://tech.hexun.com/2012-10-29/147343631.html.

用户价值是企业生存之本。海尔实施人单合一管理，深化了以市场为中心的商业流程调整，以组织的裂变来应对市场的裂变，将原有市场链条裂变为 2 000 多个密切围绕市场的一级自主经营体，分别锁定有价值的用户群体，实现了精准营销、研发和生产供应，为用户创造了更多价值。

2. 以模块化组织结构实现大规模协同，增强企业动态反应能力

模块化是大规模生产走向大规模定制的基础，是把复杂系统分拆成准独立的模块，通过标准化的接口进行信息沟通的动态整合过程。海尔以自主经营体为基础的人单合一管理实现了彻底的模块化，其模块化特征体现在生产组织、市场、研发、质量、技术、人力、财务等价值创造的各个环节，每个自主经营体就是一个功能模块，2 000 多个模块同步实时运行，实现了大规模的协同，提高了组织的灵活性。

3. 以创新机制和工具打造自我驱动、自我发展、自我创新、无边界的基层团队

基层团队的创造力和执行力是企业能力的源泉，每一个自主经营体就是一个基层团队。自主经营体独立的用人权和分配权确保了团队长的责、权、利对等，每个成员的人单合一机制，形成了团队长和每个团队成员实现目标的内在动因和外在约束。在内因和外因共同作用下，每个经营体被激发出最大创新潜力，实现了动态的自创新、自驱动、自运转。

4. 打造机会公平的舞台，让知识型员工真正成为企业主人

21 世纪最大的管理挑战是对知识型员工的管理。知识型员

工更加重视有挑战性的工作，每个员工不是听上级命令，而是围绕用户价值自主开展工作。海尔通过将经营效果的量化指标与知识型员工的绩效考评标准挂钩，实现了标准透明、过程公开的公平激励，知识型员工的创造力得到彻底解放，实现了员工自己为自己工作，知识型员工真正成为企业的主人。

第二节　去中心化趋势下的集团管控

伴随着新兴产业崛起，一大批“大而强”的企业濒临倒闭、苟延残喘，传统战略所推崇的“大而强”并非企业抗风浪的“压舱石”，传统战略框架被彻底颠覆，更多企业集团化发展陷入了战略迷茫期。[①]

不少业界名流纷纷对此进行精辟解读。被誉为“硅谷精神教父”的凯文·凯利提出了“颠覆来自边缘”的观点；华为掌门人任正非则主张“不确定的时代，要有确定性的抓手”；流行语“优势抵不过趋势”则更为精辟。

1. 没有颠覆自己，迟早被别人颠覆

传统战略主张，优势具有价值，要善于利用资源优势（包括资金、人才、品牌、技术、渠道等），不断寻找新的竞争优势，与竞争对手拉开差距，才能达成终极目标——做大做强。

然而，移动互联网时代，柯达、诺基亚、索尼等一批传统

---

① 刘春雄．解码颠覆时代系列之战略篇．中外管理，2015（5）．

产业巨头先后被新兴企业打败，在颠覆力量面前，资源优势好比“冷兵器在热兵器面前”不值得一提。曾经的国际巨头轰然倒下，微软一夜失算，变成了“明日黄花”。

毋庸置疑，在颠覆力量面前，传统战略的前提已经发生了变化，框架体系完全失灵。这种颠覆的力量，既不是来自企业内部，也不是来自竞争对手，而是来自视线之外的不可预知，你永远不知道真正的对手是谁。

未来难以预测，能够预测的都不是真正的颠覆性因素。一个囊中空空、只有创意的年轻人，很可能就是未来颠覆你的对手。当所有人都是敌人，就意味着没有敌人。企业失去了作为标杆的竞争对手，颠覆自身意味着挑战自己，挑战自己成为新的战略目标。

一言以蔽之：“优势抵不过趋势”，如果你没有颠覆自己，被别人颠覆是迟早的。这正是“颠覆来自边缘”的内涵。

2. 分布式战略：新兴企业最佳战略模式选择①

与规模经济“做大做强”思维模式不同，颠覆时代开启了无门槛战略投资模式。

在颠覆者面前，曾经的规模优势变成了“规模包袱”。如硅谷开启了技术与金融结合模式，价值型企业的增长彻底摆脱了滚动发展的传统路径。只要有好的想法，就能够吸引大量金融资本为你保驾护航。新兴企业高速复合增长已经成为一种常态。

---

① http://info.led.hc360.com/2015/05/25/0517223 - all.shtml.

做大做强不再是企业的首要冲动，颠覆对手和颠覆自己成为集团首要战略目标。

“互联网＋”加速渗透，一切行业都进入“不确定时代”——在颠覆时代，未来不能预测，集团战略目标不能确定，传统战略失去了意义，企业如何选择才能赢得未来？

任正非说：“不确定时代，要有确定性的抓手。”

颠覆时代，更多的信息、更多的机会发现来自基层，上层把握资源，却远离机会；基层没有资源，却随时可能发现机会。在传统组织结构中，上层决策者拥有资源，决策未来，基层是执行层，不问为什么，只问效率有多高，这种管控模式终究解决不了不确定时代所产生的信息不对称问题。

由此可见，在颠覆时代，分布式战略——多颠覆中心模式成为新兴企业的最佳选择。

以韩都衣舍为例。韩都衣舍是一个由 270 个“三人团”组成的平台，每个“三人团”都是一个独立的经营者。换句话来讲，270 个“三人团”就是 270 个创新单元，也是 270 个决策单元和经营单元。任何一个“三人团”决策失误，都不至于造成韩都衣舍整体失误；任何一个“三人团”经营成功，其他资源就可以向它优化倾斜。

海尔总裁张瑞敏用 10 年时间，把 8 万人的公司变成了 2 万个“小微主”的平台。海尔现在只有三类人：一是平台主；二是 2 万个小微主，他们是创新单元、经营单元；三就是创客。

柯达、诺基亚、摩托罗拉等都只有一个战略决策单元，如果这个决策单元错了，一切就都错了，这是传统企业的“通病”，也是它们走向没落的根源。

分散式决策体系下，只要有一个决策单元没错，企业就不会垮。在颠覆时代，新兴企业的战略体系，一定要有多个决策单元或颠覆中心（不同于战略经营单元（SBU）——事业部只是利润中心，不是决策中心），但又不能一盘散沙，最佳格局就是分布式战略。

所谓分布式战略，就是企业分为两个战略单元：一是战略颠覆、创新单元；二是平台，即投资单元。如海尔拥有 2 万个小微主，每个小微主都是战略颠覆单元；韩都衣舍拥有 270 个“三人团”，每个“三人团”都是战略颠覆单元。

通俗来讲，老式火车都是单一动力，“火车跑得快，全靠车头带”；高铁则是分布式动力，每节车厢都有独立的动力，协同起来就是更大的动力。

3. 分布式战略体系下，总部如何定位

未来的组织，更多的是小微组织，颠覆要么出自技术，要么出自对消费者需求的理解、洞察。未来的企业，其战略不过是“见苗浇水”而已，即对已经有成功苗头的创新单元提供资源支持。而资源整合能力，恰恰应成为总部的强项。

分布式战略体系下，总部功能将定位为判断者、投资者。在多个战略颠覆单元里，总有一些单元是颠覆性的、成功的，而成功者将获得总部的支持，并有可能成为总部的战略经营单元。

4. 构建分布式战略体系

一是在新兴企业内部设立无数个创新颠覆单元。这些创新单元的成本极低。总体的创新，更多表现为资源投入的硬创新；基层的创新，更多表现为市场机会和技术敏感的创新。这样做的结果，就是分布式战略的产生。

二是把新兴企业变成一个投资机构。只要发现外部的创新，就通过投资纳入自己的体系。比如海尔举办的创客大赛，进入决赛的多数是外部创客。

马云、雷军成功后，深知自己也可能会被颠覆。于是，他们借助“生态圈”的理念四处投资。而这些投资对象，都有可能成为未来的颠覆者。

5. 一些互联网巨头的组织结构①

一位 Web 设计师勾画了一组美国科技公司的组织结构图（见图 1－3）：亚马逊等级森严且有序；谷歌结构清晰，产品和部门之间相互交错；脸书结构分散，像一张散开的网；微软内部各自占山为王；苹果一个人说了算。

华为的组织结构是一种可以变化的矩阵结构，如图 1－4 所示。华为每次的产品创新都伴随组织结构的变化。华为每 3 个月就会发生一次大的技术创新，其组织结构类似于某种进退自如的创业管理机制，一旦出现机遇，相应部门便迅速出击、抓住机遇。

---

① https://baijiahao.baidu.com/s?id=1591581597445776616&wfr=spider&for=pc.

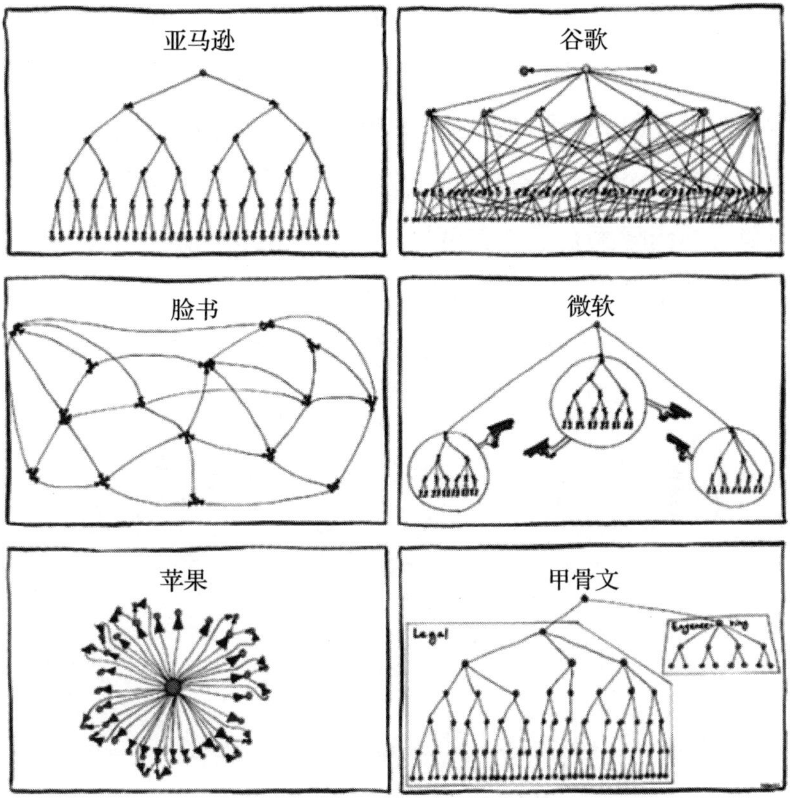

图 1-3　美国部分科技公司组织结构示意图

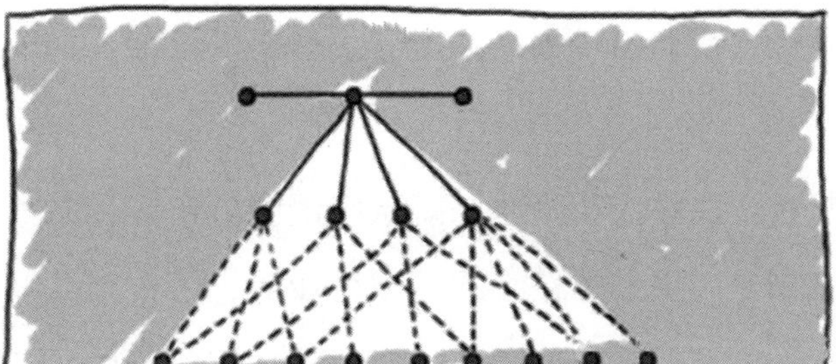

图 1-4　华为组织结构图

阿里巴巴组织结构展示了一条完美的产业链，如图 1－5 所示。阿里巴巴通过阿里巴巴网站、淘宝商城、淘宝集市三大平台，分别开展 B2B 和 B2C 业务，精确对接细分用户。阿里巴巴在全国有 7 个百万平方米以上的阿里大仓，还有若干个小仓，从供应商到阿里大小仓直至用户的物流数据流由物流宝连通，囊括大阿里战略中的所有业务。

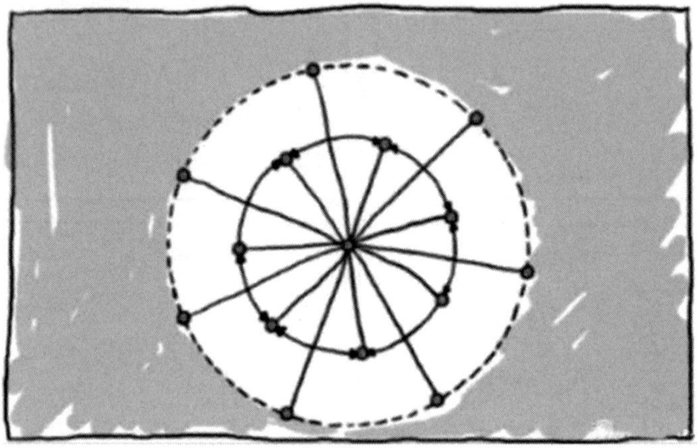

图 1－5 阿里巴巴组织结构图

百度的组织结构（见图 1－6）看上去是一家只需要 CEO 就够了的公司，依照百度原首席运营官叶朋的说法是“百度崇尚简单”。

联想希望能够大小通吃，既做好消费者市场，又出击商用市场。前者是以渠道为核心的交易型业务，后者则是以大客户为对象的关系型业务。联想执行副总裁刘军将两块业务比喻成长枪与短刀，要想舞得好，就要在价值链的各个环节做到合理的区分与整合，并细致平衡各方利益，化解模糊地带容易发生的冲突。因此就形成了如图 1－7 所示的组织结构。

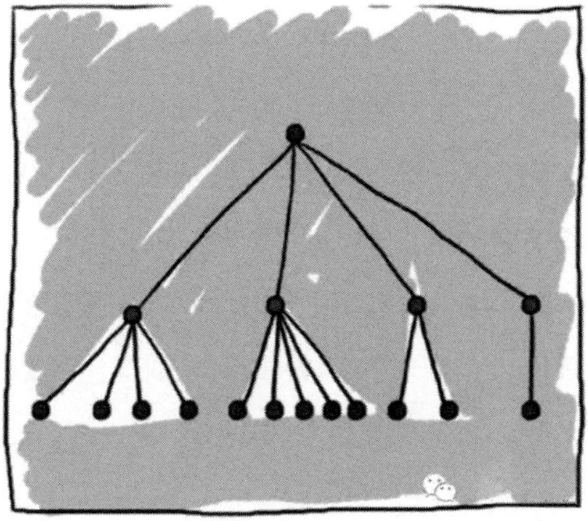

图 1－6 百度组织结构图

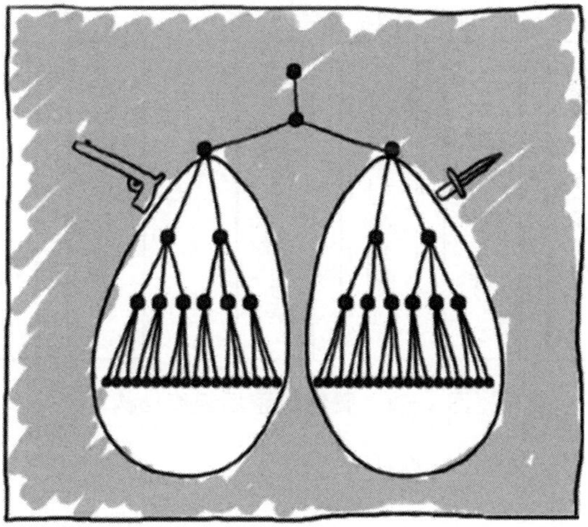

图 1－7 联想组织结构图

腾讯 2012 年调整组织结构，将原有的业务系统制（business units，BU）升级为事业群制（business groups，BG），顺利从 PC 时代过渡到移动互联网时代。

2018 年 9 月 30 日，腾讯公布了最新组织结构调整结果：一是保留原有的企业发展事业群（CDG）、互动娱乐事业群（IEG）、技术工程事业群（TEG）、微信事业群（WXG）；二是将高度融合和关联的部门拆分、重组，新成立云与智慧产业事业群（CSIG）、平台与内容事业群（PCG）。保留的四大事业群继续发挥垂直优势，新增的两大事业群则突出聚焦效应，解决数据不统一、业务散落以及缺少 2B 基因等问题。调整后的组织结构如图 1－8 所示。

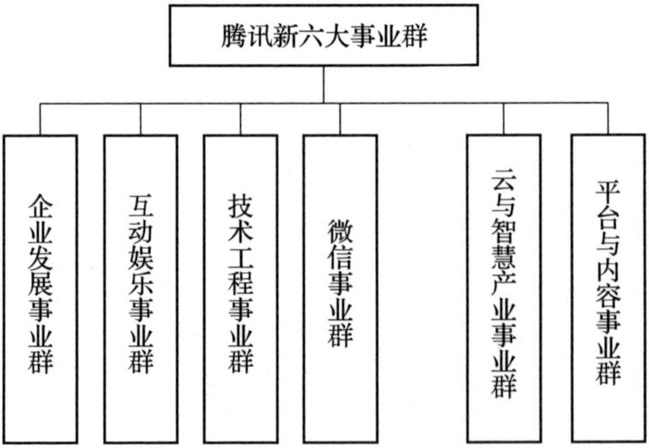

图 1－8　腾讯调整后组织结构

第三节　国企改革下的集团管控

一、本轮国企改革的八大特点

（一）加快国企立法，强化依法治企

按照党中央、国务院的统一部署，各级国资委和国有企业积极稳妥、扎实有序推进各项改革，国有企业各项改革措施取得实质性进展。

按照中央全面深化改革委员会的总体部署，在国务院国有企业改革领导小组、经济体制和生态文明体制改革专项小组的指导下，各省（区、市）、计划单列市、新疆生产建设兵团和全部中央企业都成立了改革领导机构，领导挂帅、部门协调、上下贯通、齐抓共推的工作格局基本形成。国务院国资委会同有关部门加快推进《关于深化国有企业改革的指导意见》重要配套文件的制定出台工作，目前已相继制定出台了14个专项改革意见或方案，还有8个正在履行相关程序，“1＋N”政策体系基本建立。各地结合自身实际，共制定出台国资国企改革文件394件。

（二）优化国资职能，突出分类监管

1. 回归股东身份

国资委从管资产到管资本的方向已确定无疑。国务院国资

委代表国家履行出资人职责，回归股东身份是国资委未来的主要角色。

2. 简政放权

本轮国资国企改革中，涉及的机制问题可归纳为三个层面：一是对国资委的定位；二是财政部、发改委、工信部等重要部委和国资委之间的关系；三是政企如何分开。

国资委下放或取消的一批审批权，内容涉及董事会选聘、薪酬管理、国企股权激励审核备案权下放等多个方面。

3. 强化监督

强化监督是本轮国资国企改革的重要组成部分，当前国有企业存在监督短板，主体责任落实有差距，内控约束机制不够完善，监督效能发挥有待提高。

因此，一要积极推进混合所有制和股权多样化，强化国资委监管能力与监管体系建设，加快实现从管企业向管资本转变；二要强化纪律监督，严格责任追究，及时跟进监督，为国资国企改革清障护航；三要强化国有企业内部监督，完善法人治理机制，充分发挥监管合力。

（三）优化资源配置，发展支柱产业

优化布局、调结构是长期任务。

（1）聚焦产业链、价值链，深化开放性市场化双向重组联合，加快调整不符合区域功能定位和发展要求的产业和行业。

（2）重点发展有一定基础和比较优势的战略性新兴产业。

（3）推进制造企业创新发展和转型升级，促进服务业企业模式创新和业态转型，完善基础设施和民生保障领域企业持续发展的经营模式。

（4）支持企业跨国经营、参与全球资源配置。以市场拓展、资源引入、技术提升、品牌输出为重点，支持企业面向国际国内两个市场配置资源，因时、因地、因企制宜开展跨国并购。

（四）构建三层级体系，加快平台试点

三层级体系结构如图 1－9 所示。以中粮集团为例，中粮实施“小总部，大产业”，重建集团管控模式。总部负责国有资本的配置与监管，向专业化公司充分下放用人权、资产配置权、生产和研发创新权、考核评价权和薪酬分配权五大类关键权力，将资产运营职能下放至 18 家专业化公司，形成了“集团总部资本层—专业化公司资产层—生产单位执行层”三层级结构。

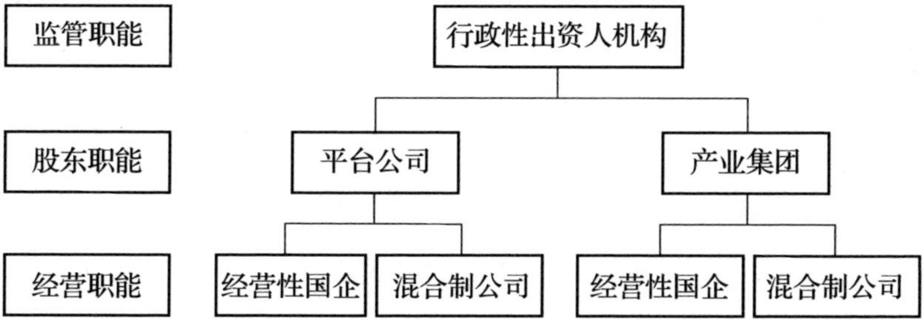

图 1－9　构建三层级法人治理体系

（五）突出董事会建设，完善治理结构

地方国企董事会建设应突出以下几个要点。

要点一：减少出资人管理事项，落实董事会职权。董事会权力：任命总经理等高管，决定企业主业，决定重大投资和重组，考核企业，确定工资标准。

要点二：理顺内外关系，明确“三会一层”权责。理顺董事会与党委、董事会与经理层、总公司与下属企业董事会管控与治理关系；厘清股东会、董事会、监事会、经理层的职责权限，明确议事规则和决策机制。

要点三：发展混合所有制，实现央企股权多元化，是搞好董事会建设的关键。

（六）加快薪酬改革，创新激励机制

《中央管理企业负责人薪酬制度改革方案》核心内容如下：

（1）央企负责人薪酬将由过往基本年薪和绩效年薪两部分构成，调整为由基本年薪、绩效年薪、任期激励收入三部分构成。

（2）央企高管薪酬将采用差异化薪酬管控的办法。薪酬制度改革方案通过“明确坚持分类分级管理”“建立与企业功能性质相适应的差异化薪酬分配办法”等表述，透露出根据不同经营性质实施差异化薪酬的思路。这也意味着，公共服务性国企与一般竞争性国企将有不同的考核标准和薪酬标准。

（3）定薪具体操作上明确了差异化路径，由组织部门任命的国企高管的基本薪酬将按照公务员工资标准进行制定，并通过高管与普通员工相差的倍数进行限高，非组织任命的职业经理人将根据市场化的办法确定薪酬。

（七）加强战略管理，用战略引领发展

改革的目的是发展，国企要基于自身功能定位并遵循产业发展规律，确立发展愿景与战略目标，并按照“产业定位清晰、发展路径明确、资源投入合理、风险管控到位”的要求，规划旗下各业务战略目标、发展模式及产业组合策略，构建清晰的战略地图。如图 1－10 所示。

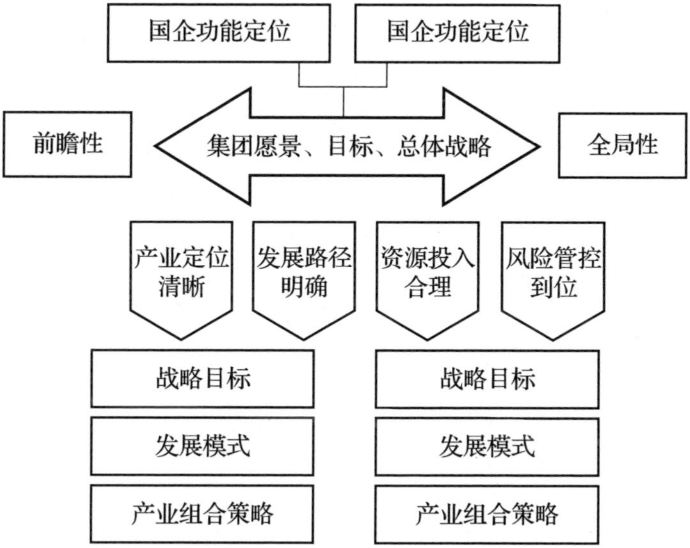

图 1－10　战略管理引领发展

（八）加强集团管控，支撑改革与发展

加强集团管控，建立集团战略管理体系、集团组织结构体系、集团责权管理体系、集团业绩评价体系和文化品牌管理体

系五大管控体系，为国有企业改革和发展提供重要支撑。

二、瘦身健体，提质增效[①]

国有企业改革全面深化，各地改革进展如火如荼。这一轮国企改革包含了很多内容，涵盖了很多要素，其中有一项是“瘦身健体，提质增效”，2016 年开始在全国迅速展开。在这项改革里面，有两个主要内容，一是压缩管理层级；二是精简总部机构和人员。

从目前改革要求和实践来看，国企改革的方向和做法基本一致，就是“压”和“减”。

1. 政策要求企业压缩管理层级

政策要求，央企的管理层级压缩到四级以内，地方企业压缩到三级以内。这里存在两个问题：第一，到底是压缩管理层级还是法人层级。我们认为，从三级、四级的数量上看，压缩的应该是法人层级而不是管理层级。法人层级和管理层级是不同的。管理层级，具有管理权限的一级就是一级，总经理、副总经理是两级，再加上部门经理，这就三级了，算上二三级公司，管理层级简单一数就七八级。法人层级就不同了，集团公司、分子公司、孙公司，压到三四层以内是可行的。第二，即使是法人层级，是不是就要一刀切，压到三级或四级以内？我们认为也不是百分之百都需要这样压。一刀切当然简单，但是

---

① 王吉鹏．对国企“瘦身健体、提质增效”的一些看法．http://www.sohu.com/a/246308192_413645.

有的企业，比如控股型企业，可能就要建立企业族谱，法人层级本身就应该复杂，其中一个隐含缘由就是方便股权运作和资本运营。

2. 精简总部机构和人员的问题

国企在总部出现冗员是常态，进行裁撤是改革的回归，就是说大部分国企总部本来就不该有这么多机构和人员，精简只是回归到企业的本义。但是如果一味迎合时势，赶时髦，简单地做减法，把总部本该拥有的功能也砍掉了，或者是弱化了，把一味地追求人员的减少当作效率高，这就大错特错了。精简只是手段，高效才是目的，不能把手段当成目标，为精简而精简。

总部重新定位的核心是总部应该承担的功能要完备，要能够充分发挥作用。比如，战略中心、投资中心，总部必须有这个功能，还要真能做得到。战略部门只配置几个人，怎么实现战略中心的功能定位？他们连日常事务都做不过来。对于央企来说，要保有一个多大规模的战略部门呢？首先要考量集团的业务。并不是说提质增效就一定要减人，也可能是加人。改革的目的是提高效率，增减人只是手段。无论怎么改革，把总部功能发挥到位，集团功能实现，这才是目的，精简机构不是目的，减人也不是目的。

三、混改后集团管控新挑战

现在混合所有制改革是国企改革大的方向，国企释放一部分股权给民营企业，或者国企投资参股民营企业，混改后有可能出现以下问题。

1. 总部的权威认同问题

如果是投资形成的公司，子公司对集团总部是有认同感的，但作为参股企业，很难有总部权威认同，原先并购重组形成的“先有儿子、后有老子”的企业，也存在总部权威认同问题。

从传统的管理思维到管控的方式，总部如何演化类似事情？演化不好，不仅权威不被认同，自身角色也存在混乱，不清楚该管什么、不该管什么，管不了，也管不好。

2. 法人制衡及有效运作问题

法人治理是集团管控的一个非常有效的方式和路径，通过各种法人治理体系的建立规范和运作，对投资企业进行管理。混改带来的最大问题是股东层面的博弈，主要涉及公司章程与股东大会，并延伸到董事会运作上。以往管理层任命大多为行政式的，委派任命，现在大多要通过市场化的博弈，如果不懂相关的法律法规以及公司运作的内在规律，很有可能在法人制衡里失分，即使是大股东也有可能丢掉控制权。

3. 绩效评价体系及考核问题

国有企业原有的考核办法是德能勤绩廉兼备，这些年开展市场化改革，绩效考核仍带有国企的色彩，如合规、政治等相关考核。混改后民营参股企业并不关心这些，只关心是否合法，关注结果，所以对下属企业考核的指挥棒不一样，绩效评价体系、考核方式都要发生变化。

4. 文化融合问题

混改后以两种体制为核心的文化冲突、认同、文化整合、融合的问题日益增多。

5. 职业经理人问题

在混改大背景下，观念、制度等一系列问题都会发生变化。以往在国企中，有干部身份，有所谓的“铁饭碗”，混改后，职业经理人有相关考核机制，没有了以往的“铁饭碗”，优胜劣汰。

四、国企党建与公司治理

2017 年 5 月，国务院办公厅印发《关于进一步完善国有企业法人治理结构的指导意见》(国办发〔2017〕36 号)，提出了进一步完善国有企业法人治理结构，必须坚持深化改革、坚持党的领导、坚持依法治企和坚持权责对等四项基本原则；明确了党组织是公司法人治理结构的有机组成部分。

党组织成为国有企业法人治理结构的有机组成部分，是国企管理的创新，也是加强党的领导、落实党组织发挥“双核”作用的点睛之笔。如何落实中央文件精神，把党建工作嵌入法人治理是改革过程中必须解决的新课题。

五、解读 63 号文与 23 号文

2015 年 10 月，国务院印发《关于改革和完善国有资产管理体制的若干意见》(国发〔2015〕63 号)，以下简称“《意见》”，作为《中共中央国务院关于深化国有企业改革的指导意

见》配套文件，明确了改革和完善国有资产管理体制的总体要求、基本原则、主要措施，提出了协同推进配套改革的相关要求。

《意见》指出，改革开放以来，国有资产管理体制改革稳步推进。国有资产出资人代表制度基本建立，保值增值责任初步得到落实，国有资产规模、利润水平、竞争能力得到较大提升。但必须看到，现行国有资产管理体制中政企不分、政资不分问题依然存在，国有资产监管还存在越位、缺位、错位现象；国有资产监督机制不健全，国有资产流失、违纪违法问题在一些领域和企业比较突出；国有经济布局结构有待进一步优化，国有资本配置效率不高等问题亟待解决。改革和完善国有资产管理体制，要坚持“权责明晰、突出重点、放管结合、稳妥有序”的基本原则，尊重市场经济规律和企业发展规律，正确处理好政府与市场的关系，以管资本为主加强国有资产监管，改革国有资本授权经营体制，真正确立国有企业的市场主体地位，推进国有资产监管机构职能转变，适应市场化、现代化、国际化新形势和经济发展新常态，不断增强国有经济的活力、控制力、影响力和抗风险能力。

《意见》明确了改革和完善国有资产管理体制三方面改革举措：

一是推进国有资产监管机构职能转变，准确把握国有资产监管机构的职责定位，明确国有资产监管重点，该管的要科学管理、决不缺位，不该管的要依法放权、决不越位，改进国有资产监管方式和手段，建立监管权力清单和责任清单。

二是改革国有资本授权经营体制，改组组建国有资本投资、运营公司，明确国有资产监管机构与国有资本投资、运营公司关系，界定国有资本投资、运营公司与出资企业关系。同时要开展由国有资产监管机构授权国有资本投资、运营公司履行部分出资人职责的试点工作，以及政府直接授权国有资本投资、运营公司履行出资人职责的试点工作。

三是提高国有资本配置和运营效率，建立国有资本布局和结构调整机制，推进国有资本优化重组，建立健全国有资本收益管理制度。要协同推进相关配套改革，完善有关法律法规，推进政府职能转变，妥善解决历史遗留问题，稳步推进经营性国有资产集中统一监管。

2018 年 7 月 30 日，《国务院关于推进国有资本投资、运营公司改革试点的实施意见》（国发〔2018〕23 号）文件正式对外公布。

1. 关键字一：功能定位

国有资本投资公司“主要以服务国家战略、优化国有资本布局、提升产业竞争力为目标，在关系国家安全、国民经济命脉的重要行业和关键领域，按照政府确定的国有资本布局和结构优化要求，以对战略性核心业务控股为主……”

国有资本运营公司“主要以提升国有资本运营效率、提高国有资本回报为目标，以财务性持股为主……”

可以看出，国有资本投资公司的功能定位是前锋，国有资本运营公司的功能定位是中后卫，前锋的主要任务是部署大战略，中后卫的主要任务是挖掘内在潜力，二者相辅相成，缺一不可。

2. 关键字二：战略性核心业务控股和财务性持股

财务性持股字面的含义与财务性投资相类似，都是单纯地谋求经济上的回报。与财务性投资对应的是战略性投资，然后是战略性控股，再深入一层就是战略性核心业务控股，三者呈依次递进关系。战略性核心业务控股考虑的不仅仅是投资回报，更重要的是上下游关系、产业协同等因素。

在该文件中，处置存量国有资本的工作目标是“提高国有资本回报”，工作方法是以“财务性持股”为主。这种做法就是要挖掘存量国有资本的投资潜力与价值，增强国有资本的流动性，保证国有资本保值增值，争取创造更大的价值。

而对于在关系国家安全、国民经济命脉的重要行业和关键领域，则以战略性核心业务控股为主。

3. 关键字三：授权机制

授权模式有两种，一是由国有资产监管机构授权；二是由政府直接授权。

4. 关键字四：治理结构

明确“党组织—董事会—经理层”组织结构。用党组织代替股东会的意义在于，一是表示将深入贯彻党管一切的既定方针，国有企业不仅要创造经济价值，更要创造积极向上、具有旗帜意义的红色价值；二是表明了党中央对现阶段国有企业在政治建设方面的高度重视，党组织将积极引领国有资本投资、运营的正确前进方向，确保国有资本投资、运营公司在重大决策和战略部署时，与党中央保持一致。

第四节　国际化背景下的集团管控

一、国际化给企业带来的挑战①

企业寻求发展，国际化是必然的选择。当前，全球已经形成一个大的社会化生产网络，传统的企业生产格局被逐渐打破，现在的局势是“国内市场逐渐国际化，国际市场逐渐国内化”。全球化经济发展要求企业必须走出一条新的国际化发展道路，这是大势所趋。中国企业要么被跨国公司打败，要么勇敢迎接挑战。如果选择迎接挑战，最好的办法就是让自己成为跨国公司，成为全球企业，成为具有全球竞争力的世界一流企业。在这个弱肉强食的世界，如果不想坐以待毙，就要成为“狼”，国际化经营刻不容缓。

1. 中国电建国际化进程中面临的挑战

中国电建制定国际业务“十三五”规划，实施“国际业务集团化、国际经营属地化、集团公司全球化”的“三步走”战略，主要面临以下挑战：

---

① https://www.csdh.net/article/a/2014-07-16/15819280.

挑战一：全球经济增长乏力，地区安全局势、地缘政治关系复杂多变，企业面临更大的市场和经营风险。

伴随国际产业结构升级、新技术革命、基建领域激烈竞争及低碳理念发展，国际基础设施投资合作的内涵更加丰富，对中国电建跨国经营与整合规划能力提出了更高要求。

挑战二：集团有限的国际经营资源分散、重复配置。

电建国际成立之前，除水电国际、顾问国际、山东电建等平台公司外，山东电建三公司、水电十三局、湖北工程、上海电建、四川院等子企业不同程度地直接参与国际市场竞争，造成国际市场经营主体多、内部同质化竞争和严重内耗。

2016 年 3 月，中国电建在北京重组中国电建集团国际工程有限公司（简称电建国际），确立了国际业务“统一战略规划、统一品牌管理、统一市场布局和营销、统一履约监管、统一风险防范”的“五个统一”原则，按照地理、文化、法律的相似性和国别市场规模的均衡性，将全球市场划分为六大区域，设立东南非、中西非、中东北非、欧亚、亚太、美洲六个区域总部，从全球配置资源，区域总部前移，直接辐射相关区域市场。

电建国际对区域总部实行事业部制和属地化管理，充分授权、独立核算、全口径业绩考核，将中国电建国际经营资源逐步向区域总部集中，整合属地化资源，发挥地缘优势，经营决策贴近市场，提高本土化和国际化能力，实现管控和经营前移，提高管控效率和市场反应速度，提升了全球竞争力。

与此同时，电建国际着力打造“事业部制管理的经营中心＋专业支持管理的专业中心＋总部战略管控中心”矩阵式管控结构，从制度、资源、结构体系等方面构建协同融合的“大国际”格局，国际业务形成全面发力、多点突破、纵深推进格局。

截至目前，中国电建国际业务重组整合进展顺利，区域总部初具规模，能力建设不断加强，已经成为支撑中国电建高速发展的新引擎。

2. 国际化对信息传递的挑战

在经济全球化进程加速和产业国际竞争加剧的背景下，走国际化道路、加快融入世界产业体系是一个国家或一个地区产业发展的必然选择。对于集团企业，如果信息在横向、纵向传递不及时，就会发生类似中石化巨亏等事件，给企业带来无法挽回的后果。

3. 国际化对领导力的挑战

跨国企业的领导力国际化，“应该具有国际无界化、文化融合化和视野高度化的三个特点”，复旦大学管理学院叶耀华教授表示，这包括熟悉国际运作规则，具有国际运作的能力，尤其是在某个领域有专长，并能够达到国际领先水平；了解熟悉各国各民族的文化，包括历史背景、现代风俗等，能够进行跨文化的沟通；能够准确判断国际形势，具有开放的视野和胸怀，以及不断学习创新知识的能力。

跨国企业面临的是与母国文化有差异的他国文化，以及由这种文化所决定的价值观、态度以及行为，会对管理者形成巨大的挑战。不同文化引导不同管理实践，不同实践适用的环境也不同，在一地文化中行之有效的管理方法，在另一种环境的应用中则可能产生不尽如人意的效果。

4. 国际化对文化的挑战

企业在跨国经营中通常会面临各种各样的文化差异，各国都有根深蒂固的文化背景，企业的全球化战略成功与否关键要看各国跨文化的融合，而文化的力量，对于能否跨越文化障碍以及提高企业的跨文化管理水平，塑造企业形象与品牌，增进企业间商务往来合作，意义深远。

5. 国际化对 HR 的挑战

纵观中国企业的国际化战略，从形式上基本可以分为两大类：一种是以直接并购国外企业为主，如联想；另一种是自有业务在海外发展，包括海外设厂、生产本地化，如海尔，以及将自有产品直接出口的中兴通讯。两种国际化策略给人力资源管理带来了不同的挑战。相较而言，企业自行“出海”发展业务，对人力资源管理来说难度更大。

挑战一：适合海外派遣的高复合型人才稀缺。

中兴通讯高级副总裁、终端北美区 CEO 程立新在央视财经频道的《对话》栏目中说到，中兴的全球化成功来自本地化行动，最重要的是做好“两个沟通”：一是和本地社会沟通，以本地人听得懂的方式沟通，这非常重要；第二个沟通是公司内部的沟通，理解公司全球化的战略与要求，同时跟总部做好沟通。

许多央企、国企“出海”，不论是管理人员，还是普通员工都以海外劳务派遣为主，这就要求外派人员，尤其是管理人员能够深入了解当地的政策、法规、文化、市场、资源等问题。同时，他们还要精通外语，对不同文化的敏感度较高，适应力较好，有较强的同理心、抗压能力，以及调动资源和解决问题的能力。这样的素质和能力在国内已是很高的要求，从符合这样高标准的人才中挑选出愿意出国工作的人就更有难度。

所以，如何找到这样的稀缺人才，如何准确识别这样的人才，又如何吸引、培养、激励、留用这样的人才，除了上面提到的通用素质和能力，不同行业（如汽车制造、计算机互联网、地产、金融、生物制药等）、不同岗位（如工程技术、营销、综合管理等）的本国人才还需要具备哪些不同的特质，对企业的人力资源管理工作都是严峻挑战。

挑战二：HR 如何运用国际化视野和资源解决海外员工的选、用、育、留？

对于需要在国外招聘本土员工的中国企业，在人力资源管理上面临的最大挑战是不了解海外的竞争状况、海外人才的基本情况。例如，中国企业去越南开工厂，那么当地的这类工人在哪里？在国外市场上，很多事都需要从头开始，HR 要学会用国际化的视野来解决问题。很多中国企业通常派业务部门出国打前站，但一些人才管理做得较好的跨国公司往往将人力资源部作为先遣部队，进行人力规划，提前布局，了解当地的劳务市场、薪酬水平、法律法规等，将人才铺垫好再展开业务。

人力资源部先行又带来了另一大挑战——熟悉跨文化、人力资源相关法律法规的人才也很缺失。因此，海外市场的 HR 一定要懂得调动国内外的资源，不要依赖单一资源，不能光靠自己蛮干，除了自己尽快适应，还要了解当地供应商，考虑是否需要找当地的中介机构合作，从而更有效地解决问题。

挑战三：对于集团旗下的国内外公司，人力资源管理如何平衡并统一？

对于主要通过海外并购实现国际化的中国企业来说，对人力资源的挑战主要体现在组织规划、组织管理方面，比如国内外的薪酬待遇、考核机制、利益分配的平衡等。这些都可归结为人才的选、用、育、留机制是采用一套方法还是两套方法的问题，如果采用一套方法，要考虑在国外的法律法规下如何合理地实施；如果采用两种制度，就要考虑在哪些方面能将国内外的人才管理串联或统一起来。这其中最复杂的就是薪酬激励机制。

二、海尔的国际化到国际化的海尔①

海尔集团是中国家电第一品牌，是全球领先的美好生活解决方案服务商。2018 年海尔集团全球营业额达 2 661 亿元，同比增长 10%，全球利税 331 亿元，同比增长 10%。

---

① 张瑞敏．由海尔的国际化到国际化的海尔．工厂管理，2000(8)．

截至目前，海尔在全球拥有 10 大研发中心、25 个工业园、122 个制造中心、106 个营销中心。物联网时代，人单合一模式下大规模定制解决方案 COSMOPlat——海尔模式成为全球引领。

（一）海尔的国际化

海尔的国际化和国际化的海尔是两个不同的概念。海尔的国际化是手段，它要求海尔的各项工作都能达到国际标准；国际化的海尔是目的，中国的海尔将成为整个国际化海尔的一个组成部分，还将有美国海尔、欧洲海尔、中东海尔等本地化的海尔出现在世界各地。

海尔的国际化进程经历了以下几个阶段。

（1）1984—1991 年的名牌战略阶段（增强质量的核心竞争力）。海尔用了 7 年的时间，专心致志地做好一个冰箱产品，其标志就是 1988 年海尔摘取了中国冰箱行业历史上第一枚质量金牌，形成了 OEC 管理模式，锻炼培养了一大批人才。

（2）1992—1998 年的多元化战略阶段（增强整体的核心竞争力）。在这一阶段发挥海尔文化的优势，以“吃休克鱼”的方式进行多元化扩张，由一个名牌产品发展成为系列化家电名牌产品群，增强了企业的整体实力。

（3）自 1999 年开始的国际化战略阶段（增强在国际上的核心竞争力）。海尔国际化战略的目标是“三个 1/3”，即最终实现国内生产国内销售占 1/3，国内生产海外销售占 1/3，海外建厂生产海外销售占 1/3。为了实现这一目标，海尔的国际市场开拓遵循以下两个战略：

一是国际市场开发战略——“先难后易”。即产品先进入发达国家市场，创出名牌后，再以高屋建瓴之势进入发展中国家市场。

二是国际化品牌战略——开发国际化的知名品牌。海尔通过“先难后易”扩大出口，凭借高质量实现用户对海尔品牌的认知，通过“三位一体”实体在海外扎根，通过“超前满足消费者的需求”实现在当地融资融智，创造本土化的名牌。“创牌”是海尔出口的目的。

（二）通过海尔的国际化实现国际化的海尔

1. 观念国际化

促使海尔在国际市场取得突出成绩的因素有很多，但最重要的还是观念的国际化。海尔的观念国际化主要体现在：

（1）对核心竞争力的认识。海尔认为，“国际化企业真正的核心竞争力在于组织内的人，而不在于产品和技术”。只有人具备了核心竞争力，才会产生有国际竞争力的产品和技术，产品和技术的竞争力是人的竞争力的外在体现。

（2）对市场的认识。海尔认为，国际市场同国内市场一样，说到底就是：“用户，用户，还是用户!”一切工作的出发点和落脚点都在用户，为了满足用户的需求，必须不断改进自身的工作。

（3）对品牌的认识。海尔认为，世界知名品牌绚烂多彩，其立足之本就是“质量，质量，还是质量”，质量是品牌的基础。

与世界上著名的跨国公司相比，海尔在资金、技术等方面不具备优势，但海尔以创新精神形成了国际化海尔的灵活、高效率的比较优势。海尔可以用自己的速度和比较优势与之竞争。

2. 人才国际化

企业的国际化关键在于人才的国际化。海尔为提高人员素质，一方面加快培养自己的内部人才。1999 年海尔兴建了海尔大学校部，邀请国内外专家学者对海尔高层管理人员进行培训。另一方面整合全球人力资源。海尔在美国的营销经理聘的就是当地人，虽然年薪较高，但他拥有外派人员无法比拟的优势，人员的本土化是海尔国际化的一个重要举措。

3. 产品国际化

海尔的原则是开发三种差别化的产品群：通过主导产品提高品牌知名度；通过潮流产品提高品牌信誉度；通过缝隙产品提高美誉度。“小小神童”就是典型的缝隙产品，创造新的需求，赢得新的市场。

4. 技术国际化

全世界最严格的 6 种质量标准海尔都已经通过。为了进一步提高产品设计能力，海尔成立了集团公司的中央研究院，同时整合全球技术资源，建立全球技术联盟。目前，海尔在全球拥有 10 大研发中心。海尔的实验室达到了世界领先水平，它可以模拟世界各地最恶劣的环境条件对产品进行检测。

在质保体系方面，海尔是中国第一家通过 ISO 9001 质量体系认证的家电企业，也是中国产品通过该项认证最多的家电企业，确保了海尔产品在世界各地畅通无阻。

5. 市场国际化

海尔已经形成由一般市场到重点市场，由重点市场到信誉市场，由信誉市场到三位一体当地化三级递进的市场创新模式。2017 年海尔海外市场营业额达到 110 亿美元，占总营业额的 47%。

6. 网络国际化

海尔在海外的营销网络包括一般客户、海外经销商、合作（资）伙伴三类。如美国海尔由一般客户发展成为海尔经销商，再由经销商发展成为合作伙伴，双方合资成立了美国海尔贸易有限公司，进而发展成为三位一体的本土化的美国海尔。

7. 机制国际化

海尔提出“内抓市场链、外抓国际化”，内外并举。内抓市场链，即把外部市场竞争引入企业内部，上下道工序、各部门之间都是市场关系，每个人的得益直接与市场效益挂钩。这就充分调动了员工的积极性，大大提高了工作效率。比如国际上开发 1 个产品通常用 1 年，在海尔这个时间可以缩短 2/3 甚至更多。外抓国际化，即国际化的海尔在形式上是设计中心、营销中心、制造中心三位一体，在内容上是要成为一个非常有竞争力的、具备在当地融智融资功能的本土化海尔。美国海尔就是本土化海尔的范例，它的设计中心在洛杉矶，营销中心在纽约，生产制造中心在南卡罗来纳州。

8. 国际化海尔的战略调整——“三个方向的转移”

1999 年 1 月世界经济论坛年会提出，企业在全球化进程中须做到三点，即要有一套应变能力的管理体制，要开发全球知名的品牌，要有网上销售的战略。根据这三点，海尔进行了“三个方向的转移”战略性调整：从国内市场向国际市场转移；从制造业向服务业转移；从直线职能式管理向业务流程再造的市场链转移。按照整合的思路，1999 年 8 月，海尔成立了物流、商流、资金流三个流的推进本部。物流作为“第三利润源泉”直接从国际大公司采购，降低了成本，提高了产品的竞争力；商流通过整合资源、降低费用提高了效益；资金流则保证了资金运转顺畅。

第五节　金控集团与集团管控

金融控股公司是金融业实现综合经营的一种组织形式，也是一种追求资本投资最优化、资本利润最大化的资本运作形式。

目前我国金融主管部门对金控集团没有明确定义。一般来说，金控集团金融性资产占绝对主体，控股银行、证券、保险、信托机构中的两类以上子公司，子公司之间均实行严格的分业管理。

一、国内金控集团

我国金融体系实施混业经营已成为大势所趋，近年来除央企等各种机构积极探索，组建、改组形成了一批金控集团和准金融控股公司之外，各省级政府、地区一级政府也积极参与，整合当地典当行、担保及小贷企业等金融资产，进行地方金控布局。粤、苏、浙、鲁等省份进程较快，均至少拥有一个或以上金控平台，且旗下有一个或以上上市公司。

据不完全统计，截至 2016 年底，我国境内设立各类金融控股集团（包括央企金控、地方金控、民营金控、产业金控、集团金控、互联网金控、潜在金控等）已达 53 家。主要包括以下几类：

1. 国务院批准设立的金融控股集团

我国已经形成了包括中信、光大、平安金控集团等数十家央企控股的大型金融控股集团，包括央企产业资本的招商局、中石油和国家电网等；银行系的工农中建交；四大资产管理公司华融、信达、东方、长城。这些集团通常资产庞大，掌握核心产业和资源，金融牌照已基本囊括齐全。

牌照布局上，各家金控公司根据自身战略定位、协同能力和客户需求等不同有所差异。其中，中石油拥有 1 张银行牌照、2 张证券牌照、2 张保险牌照、1 张基金牌照、2 张信托牌照、1 张期货牌照、1 张金融租赁牌照。

2002 年 12 月经国务院批准，中信集团进行整体改制，将其所属金融机构进行重组，设立中信控股，下辖中信银行、中信证券、中信信托、信诚保险等金融机构，中信控股是中国第一家准金融控股公司。中国光大集团经过一系列改革重组，现已发展成为业务领域涵盖银行、证券、保险、信托、基金、期货、金融租赁的金融企业集团，形成以“集团控股、法人分业、财务并表、业务协同”为显著特征的金融控股公司。平安保险股份公司经过三十年发展改制，目前控股平安寿险、平安产险、平安信托、平安银行、平安证券等，平安保险（集团）公司负责集团的战略、风控、资本运营，不再直接经营金融业务，实现了由单一保险机构向金融控股公司的转变。

2005 年 8 月，经国务院批准，中央汇金投资有限责任公司与财政部共同出资人民币 70 亿元，设立中国银河金融控股有限责任公司，经营范围包括从事证券、基金、保险、信托、银行等行业的投资和其他相关主管部门批准的业务。中国银河金融控股有限责任公司是由中央政府特批设立的中国第一家明确标有“金融控股”字样的公司，肩负探索我国金融业综合经营模式的历史使命。

2. 以大型商业银行为载体的金融控股集团

中国工商银行、中国建设银行、交通银行等国有大型商业银行，通过控股方式，涉足证券、保险、信托等非银行金融业务领域，在当前金融监管法律框架内实现综合经营，形成商业银行系的金融控股公司。以交通银行为例，与施罗德集团合资设立交银施罗德基金管理公司，并购重组湖北国际信托投资有限公司，设立交银国际信托；发起设立交银金融租赁有限公司；在香港成立交银国际控股有限公司及其子公司交银国际（亚洲）有限公司、交银国际证券有限公司、交银国际资产管理有限公司；经国务院批准，发起设立交银康联人寿保险公司。至此，交通银行的金融业务涵盖了银行、证券、保险、基金、信托等主要金融领域，成为具有金融全牌照的典型金融控股集团。银行系的金融控股公司，母公司层面开展银行业务，通过控股子公司开展非银行金融业务，为客户提供全面的金融服务。这种模式下，可以充分发挥商业银行网点众多、业务规模优势和协同效应。

3. 由大型企业组建的金融控股公司

国家电网、五大发电集团、中国石油、宝钢集团、海尔集团等大型企业集团深刻认识到产融结合发展的潜力，纷纷设立或重组相关金融机构，并在集团内设立专门机构实行专业化管理，进而形成一批企业系金融控股公司。以国家电网为例，旗下原有财务公司，新设财险、寿险、融资租赁等公司，重组信托、证券、长安保险经纪、期货等金融机构，2010 年 12 月，设立英大国际控股集团公司，统一控股管理旗下的金融机构，并将参股的广发银行、华夏银行的股权划转至英大国际控股集团管理，通过控股公司实现对金融机构的专业化管理，并将金融风险与国家电网公司的产业资产隔离开来。英大国际控股集团背靠国家电网公司的强大资本实力和业务支持，以产融结合为目标，发展形成企业系金融控股公司的典型代表。

4. 由资产管理公司转型而来的资管系金融控股公司

以东方、长城、华融、信达四大国有资产管理公司为主体，在完成国有商业银行不良资产处置的历史使命之后，在政府的支持下探索谋求转型。通过控股证券、信托、金融租赁等子公司，形成金融控股集团。目前，华融、东方、信达均形成了金融控股公司的雏形，所控投商业银行实力均一般。没有大型商业银行的支撑，资管系金融控股公司的资本实力受到制约，其流动性较为脆弱，无法实现整个集团的规模化扩张，普遍存在母公司杠杆偏高、整个公司资本不足、风险较大的弱点。

5. 由地方政府推动设立的地方系金融控股公司

地方政府是建立金控平台的主要推手。地方政府通过整合金控平台、IPO、定增或优质资产注入的方式，提升国有金融资产证券化水平和区域金融业竞争力，实现地方上市平台的保壳。金控集团借助地方政府支持，通过证券化形成上市金融控股集团，可以直接控制地方核心金融企业，掌握金融全牌照。

越秀金控是首家进入国内资本市场的地方国资金控平台，截至 2016 年第三季度，越秀金控总资产为 659 亿元，归属母公司股东净利润为 3.82 亿元，实现同比增长 152%。越秀金控未来将通过兼并收购其他金控集团来实现扩展。

在地方政府支持下，上海国际集团整合浦发银行、上海银行、上海信托、国泰君安证券等大型金融机构，实现金融资源优化整合，在当地获得业务优势。这类金融控股集团资本来源可靠，抵御风险能力较强，由于其特殊的政府背景，在地方上具有较强竞争力。重庆渝富集团也是这一类金融控股公司的典型代表。

云南省投资控股集团有限公司简称“云投集团”，前身是云南省开发投资有限公司，2007 年根据公司业务发展和集团化管控需要，成立云投集团，注册资本 81 亿元，是直属省政府、由省国资委履行出资人职责的大型国有企业。总资产达 478 亿元，投资主要涉足能源、交通、旅游、林竹浆纸、金融、医院、化工、地产等领域。

6. 民营金控集团

国内民营金控主要有泛海系、明天系、复星系、万向系等，均控股了核心金融企业，金融牌照比较齐全。民营企业通过打造金控平台形成了内部资本市场，最终落实产融结合。

截至 2016 年第三季度末，A 股分类中金控平台 ROE 算术平均值为 7.32%，均高于金融股和全部 A 股 ROE 算术平均值(5.03%和 4.63%)，具备较强的回报水平。金控集团平台成为“今日吸金止渴，明日升级打怪”的绝佳代言人。

总之，金控集团的形成发展，主要得益于我国金融牌照管制的放开。监管给予混业创新的空间，经济下行周期，无论央企还是民企，都迫切需要金融创新与经营转型，实现快速飞跃。金控集团控制金融资产贡献的净利润无疑成为地方政府和主业萎靡的传统企业的重要收入来源，金融资产也成为央企或地方政府腾笼换鸟的主要推手。

二、金控集团管控基本特征

金控集团的管控呈现三大基本特征：

（1）集团控股，联合经营。集团母体可以是控股公司或是单纯的投资机构，如金融控股公司，也可以是以金融业务为载体的经营机构，如银行控股公司、保险控股公司等。

（2）法人分业，规避风险。法人分业指不同金融业务分别由不同法人经营，防止不同金融业务风险的相互传递，对内部交易起到遏制作用。

（3）财务并表，各负盈亏。根据国际通行会计准则，控股公司对控股51%以上的子公司，会计核算时合并财务报表，防止各子公司资本金以及财务损益重复计算。

金融混业经营时代，金控集团作为金融资本运营平台，拥有丰富的金融资源，可实现金融与产业资源有效对接，业务合作渠道更加多元，信息资源及时共享，降低业务板块之间交易和谈判成本。金控集团通过整合资源、客户、技术和服务渠道，打造资源协同生态圈，为客户提供全方位的金融服务，提高集团运作的整体效率和竞争力。

此外，金控集团公司治理、资本运作拥有更大灵活性。可以通过收购、兼并不同种类的金融机构，组合利用不同地区、不同金融品种之间的优势，增加金融服务产品的种类，持有更多证券、银行、保险和其他金融资产的股权。通过金融部门内部各要素的重新组合和衍生，创新业务，降低管理风险、市场风险、系统风险，增强抗风险能力，由此获得规模经济、协同效应。

金融控股公司制度是一种组织创新，是世界主流的金融混业经营组织制度，美、日、加等国和发展中国家更多实行混业经营与金融控股公司制度。金控集团成为构建金融服务平台、打造全功能金融服务集团的最佳模式。

第二章

集团管控的实践体系

GROUP
CONTROL

集团管控是与战略管理、人力资源管理、财务管理、供应链管理等并列的一门单独的管理学分支，有自己独特的概念和理论体系。集团管控虽然是内在逻辑性强、联动的管理系统，但是我们千万不能把集团管控机械地理解为对集团企业改天换地的大变革。

管理学是在自然科学和社会科学两大领域的交叉点上建立起来的一门综合性学科，存在众多的分支学科，比如战略管理、人力资源管理、财务管理、供应链管理等。这些学科相互联系又相对独立，不能将各学科的概念、理论混合在一起进行研究或应用。集团管控有自己独特的概念和理论体系。所以，不能把什么都变成集团管控，不能谈到战略也叫管控，财务也叫管控。什么都叫管控，就将集团管控这一概念泛化、肢解了，打乱了集团管控理论的体系性，将集团管控在管理实践过程中降低到了运营管理的层面。

集团管控强调的是系统性，是一个系统的、创造价值最大化的、动态的管理体系。

第一节　集团管控的五大体系

集团管控是企业的顶层设计，既不是管也不是控，我们可以从任何一个角度切入，围绕企业价值创造能力最大化这个核心不断做调整，使这个系统成为具有动态联系的全要素的内聚统一体，它具有对外在影响因素的开放性与动态适应性，内在构成要素的关联性与集成性等诸种系统特性。因此，企业集团管控体系的建设是一项需要因地制宜、系统筹划和因时调整的过程。

集团管控作为一个有机整体，要实现权力的集中监控、资源的集中配置和信息的集中共享，涉及战略、组织和人力资源、信息管理等诸多层面。集团管控体系主要包括五大体系，即战略管理体系、组织结构体系、责权管理体系、业绩评价体系和文化品牌管理体系。

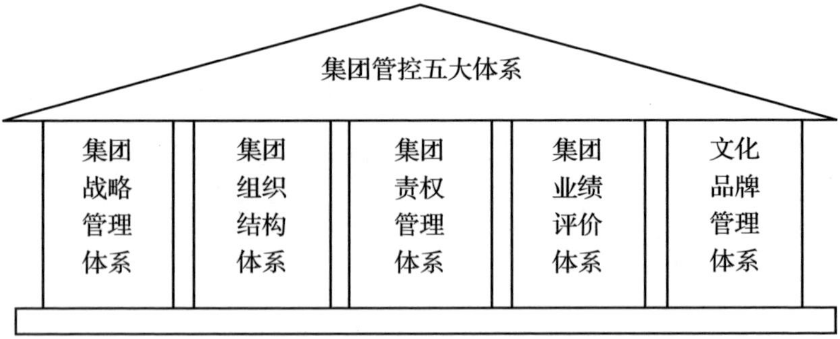

图 2-1　集团管控五大体系

一、战略管理体系

集团管控体系的构建或者调整是为实现集团企业的战略目标而服务的，因此，集团企业必须战略先行，谋定而后动。

战略规划确定集团的发展方向和追求目标，是集团的差异化定位，指明集团做什么。清晰的战略需要思考三个问题：在哪个领域竞争、如何竞争和依靠什么竞争。很多集团企业在战略不清晰的情况下就盲目地搞集团管控，这就难以实施。在对产业布局、业务组合还不知道的情况下，怎么做组织结构设计呢？不同战略下有不同的产业组合，怎么能确定哪些产业要进行重点业务控制呢？如果想做什么就控什么，就失去管控的意义了。

一个集团企业的战略体系是否完善、战略规划是否可行、战略执行是否到位，都直接关乎集团企业当下的管理运营与未来的前途命运。因此，集团企业的战略体系是进行组织结构设计、责权体系构建和业绩评价体系建设等一系列管理行为和举措的重要前提。

因此，集团企业应以战略为先导，根据市场吸引力和企业自身竞争力鉴别关键和核心业务，以确保战略性的资源配置；在此基础上，将集团的业务划分为不同的产业集群，对处于不同产业集群的企业采取差异化的发展策略及管控模式，并调整相应的组织结构。

二、组织结构体系

集团战略对组织结构的影响是巨大的，两者之间的关系是：战略决定结构，结构传承战略。公司确定发展战略之后，就会有相应的各种业务组合来实现这个战略，而这些业务组合的实施则需要相应的组织结构作支撑。

集团组织结构体系是在战略体系明晰的前提下，通过对集团总部功能定位的详细认知、集团管理层次的划分与界定，而后进行的组织结构设计和法人治理结构设计的管理行为。组织结构设计层面包括三个方面的核心内容：一是集团总部和下属企业的法人治理结构，这主要是解决集团总部和下属企业在法律架构和管理架构之间的平衡，回答集团企业内部股东大会、董事会、监事会和经理层各方怎样运作的问题；二是集团总部的功能定位，重点是解决集团总部本身具有哪些功能，对下属企业哪些要管、管到什么程度等问题；三是整个集团的组织结构设置，就是在战略、管控模式选择、法人治理以及总部定位之后，将各组织单位在集团中的位置确定下来，比如设几级结构，三级还是四级，每一级设法人还是事业部或其他组织形式，按产业划分组织还是按地域划分组织，也就是俗称的“条”与“块”等。

在进行组织结构设计的时候最重要的是所设计的组织结构要能够支撑战略的实现，同时能够有效地组织集团的生产、销售、服务等各业务环节。

三、责权管理体系

责权管理体系是在建立公司既定的发展战略、组织结构、业务流程的基础上，公司就其各项活动参与者的责任和权力的界定划分形成的管理体系。在集团管控体系中，责权体系是核心，它关系着集团高层的决策能否得到有效执行，是集团企业整个管控体系中的关键一环。

明确的责权体系是组织体系有效运行的保障，它涉及集团企业各单元之间的权力划分，只有双方的权限明确了，才便于集团企业各级管理层在各自职责权限范围内做到各司其职。它是构成战略管理、资产管理、投资管理、人力资源管理、预算管理、财务管理等管理流程的基础。子公司作为企业独立法人，可自行决策企业的一切生产经营活动；集团企业作为出资人或控股股东，只能通过子公司董事会、派出董事或总经理的任命等方式间接影响子公司的经营。因此，集团企业各单元之间明确的责权划分可以确保子公司独立、自主、高效经营，确保全集团集权有度，分权有效。

此外，由于组织结构本身是静态的，当企业开始运作的时候，流程就产生了，企业也变成一个动态的组织。这时候，每个流程的节点就需要界定相应的权利和义务，即由谁负责、谁承担权利。必须注重的是，责权体系和核心治理流程必须相互对照，才能保证流程实现中所需要的责权也能够被纳入责权体系。

四、业绩评价体系

为确保新的管理架构能切实有效地运转，并促进与之相适应的行为和观念，集团战略与组织转型必须与业绩评价体系联系起来。业绩管理要与其他管理程序紧密相连，如战略规划、经营计划、预算计划及人力资源管理等，将业绩表现与激励机制、薪酬清晰地结合，保证业绩表现对个人有明确的影响，为优秀人才提供市场薪酬水平。

总之，集团管控以上四个体系是不可分割的整体，各模块和整体管控能力之间既相互关联，又相对独立：集团管控一定是以战略为先导，是在战略明晰基础上的集团管控；责权体系是集团管控的核心；结构、责权、流程三者共同构成组织，必须联动。基于战略的管控模式、组织设计和责权体系可以有多种选择，并且随着行业的状态、管理风格、企业文化、产业政策等各种因素的变化不断调整，最终集团管控的好坏要通过业绩评价来体现。

五、文化品牌管理体系

越来越多的集团企业开始注重并自觉进行企业文化建设，其中相当多的企业在文化建设中经常遇到很多理论和实践方面的问题。与此同时，对集团文化的凝结物——集团品牌的管理日益成为集团企业创造价值、实现价值的重要环节。即使多元化的集团企业，也应该有共同的愿景及价值追求，这是集团文化的核心，还应该有共同的社会责任感，同时产品品牌、服务品牌和企业品牌交织在一起，又形成了集团品牌构建和管理的问题。如何实现集团企业的价值体系、形象体系、管理体系有机的融合，是集团品牌和文化管理体系的核心内容。

六、华润集团管控模式

集团管控模式和母子公司协同机制的有效创建是多元化企

业得以基业长青的重要基础。华润集团是在多元化扩张过程中，构建投资控股管控模式以优化集团内部关系，创建母子公司协同机制以强化集团竞争优势的典型代表。①

始建于 1938 年的华润集团现已发展成为中国最具实力的多元化企业集团之一。截至 2017 年，华润集团实现营业收入 5 554 亿元人民币，利润总额 648 亿元，净利润 384 亿元，期末总资产 12 159 亿元。集团主营业务包括日用消费品制造与分销、地产及相关行业、基础设施及公用事业三大领域。

华润集团的多元化历程分为三个阶段，即 1948—1983 年的代理贸易多元化阶段、1984—1992 年的自营贸易多元化阶段、1992 年开始的实业经营多元化阶段。1985 年，公司董事会制定了“以贸易为主，开展多元化经营”的发展方针，由此开始实业经营多元化的转型。1992 年，华润集团注资上市公司永达利，将其更名为华润创业，全面推进实业经营多元化。随后，凭借雄厚的资本实力、丰富的政府资源、一系列并购重组，华润集团迅速成长为横跨九大行业的多元化集团公司。

在此过程中，华润集团也遭遇了诸多集团化管理困境。20 世纪 90 年代初期，华润集团是在并购中度过的，虽涉足了多个行业，集团的产业整合却未达预期。在九大业务中，只有啤酒、房地产和纺织业务取得了较好的整合效果，其他业务仍徘徊不前。资本市场对华润集团的多元化似乎也不买账，普遍认为其

① 戚文举．集团管控模式：从分散走向协同竞争——以华润集团为例．浙江经济，2008 (7).

战略不清。同时，多元化扩张致使集体企业数目迅速增多，业务庞杂，交叉经营严重，子公司及关联公司曾接近 100 家，各层级公司、同类业务的不同子公司设置了一批功能雷同的职能部门，造成组织结构无序，组织运行效率低下。而在多元化快速扩张中，华润集团却未能及时设置上下协同的财务部门，致使集团丧失对多元业务、子公司的财务管控能力。

面对渐趋乏力的财务管控，华润集团于 20 世纪 90 年代初建立并实施了一系列严格的财务管理制度。然而，这些制度的核心是包干式资金管理，本质上只是一种事后财务管控。有鉴于此，如何化解集团化管理困境、优化集团内部关系、强化集团竞争优势，成为华润集团持续高效发展中亟须解决的关键问题。

为有效化解集团化管理困境，华润集团先后引入 6S 管理体系和平衡计分卡（BSC），以构建投资控股管控模式（见图 2－2）。

（一）6S 管理体系

1999 年，华润集团创造性地提出了一套以强化管理为基本出发点的 6S 集团公司管理体系。该体系以利润中心为出发点，以全面预算为切入点，以管理信息为关注点，以内部审计为支持点，以评价考核为落脚点，本质上是一套财务管理体系。

6S 管理体系是 6 个体系的简称：利润中心编码体系、利润中心管理报告体系、利润中心预算体系、利润中心评价体系、利润中心审计体系和利润中心经理人考核体系。

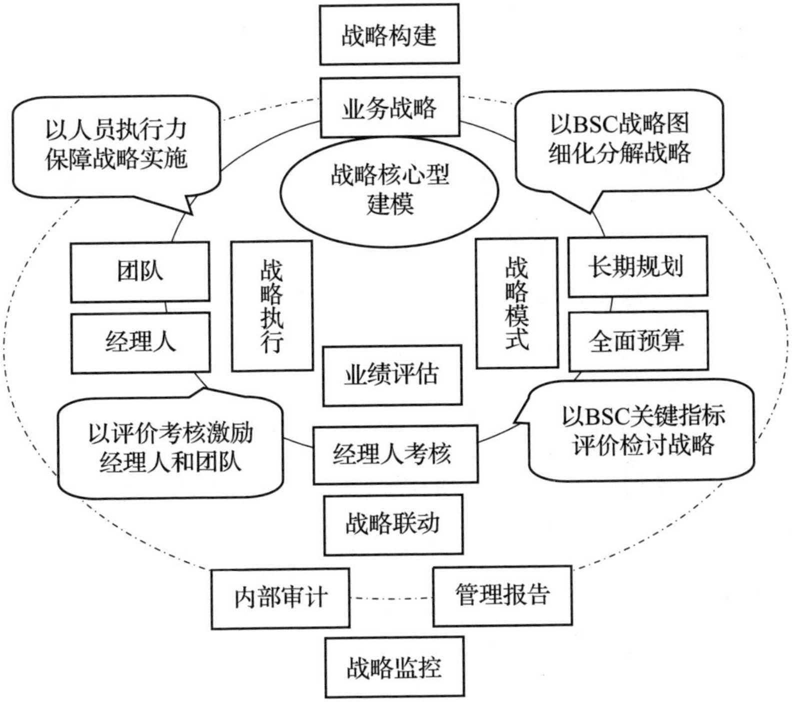

图 2-2　"6S+BSC"战略管理体系

6S体系使各下级单位只有投资建议权，投资决策权掌握在集团手中。在被收回"财权"后，二级公司还要接受严格的不定期内部审计，以及每月进行的预算监测。二级公司及其经理人的考核评价也以其财务业绩为核心，并且由集团公司实施考评。至此，集团的职责有 7 个方面：制定战略、任免主要经理人、负责财务政策、管理资金、预算和评价考核、协调内部资源、负责企业形象；利润中心的责任是确定自己的竞争战略，并在批准的年度预算内行使充分的经营自主权，最重要的目标是为集团贡献利润和现金流。

华润集团凭借 6S 体系对旗下子公司的业务进行同类项合并，采取财务集权，明确母子公司的责、权、利。经过清理重组，华润的管理架构发展为由 25 个一级利润中心、108 个利润点组成的实业型控股集团架构，并逐步走向有限度相关联多元化战略下的专业化发展道路。顺畅的母子公司关系为华润集团日后完善战略管理体系奠定了基础。

（二）BSC 完善战略管理体系

华润集团在优化集团内部关系方面，前进的脚步一直未停。集团于 2003 年开始引入与战略管理密切结合的管理工具 BSC 来弥补 6S 体系的不足，进而形成以 BSC 为框架的 6S 战略管理体系。

“6S＋BSC”体系将利润中心编码体系转变为利润中心战略体系，每一利润中心必须是可制定战略、可执行战略的事业单位。而战略事业单位（SBU）的划分，遵循专业化分工原则和战略地位导向。只有更加专业化、符合集团总体战略要求的业务单元，方能进入 SBU 序列。

“6S＋BSC”体系涵盖战略构建、战略执行、战略监控等整个战略管理流程。华润集团总部和战略事业单位构建战略，继而由专业团队和经理人执行战略，在此过程中以业绩评价和经理人考核驱动战略进程，并以内部审计和管理报告制度监控战略进程。在整个流程中，有四个关键环节：以 BSC 战略图细化分解战略、以人员执行力保障战略实施、以评价考核激励经理人和团队、以 BSC 关键指标评价检讨战略。

通过 6S 和 BSC 的先后引入，华润集团逐步构建了财务控制型的投资控股管控模式，优化了集团内部关系。集团总部定位为投资决策中心，追求净资产收益率；作为战略管控中心、资源配置中心、业务决策中心、利润中心和业务运作层的运营主体，追求占用资本回报率、利润和销售收入。这种模式的优点在于集团总部功能简单，定位明确单一，人员精简；业务运作重心下放，业务运作决策速度快；下属公司运作灵活。在投资控股管控模式下，集团管理体现母公司应有的权力，管大方向、大的决策。利润中心作为资产经营者，享有在授权范围内开展业务活动所需要的一切经营管理权。

（三）协同竞争优势

协同是指企业的整体价值有可能大于各部分价值的总和（Ansoff，1965；Sirower，1997）；协同战略可以像纽带一样把公司多元化的业务联结起来（Ansoff，1965）。因此，创建协同机制，实施协同战略，最终是为了实现“1＋1＞2”的协同效应。具体而言，企业可以由此获取更多稀缺资源，提高资源配置与使用效率，降低交易成本，提高风险控制能力，提高管理效率，更易进入新市场，等等。华润集团结合四大主营业务的特色，积极创建相应的母子公司协同机制，力求实现企业整体价值最大化。最具代表性的是华润集团与华润置地的以五大关键要素为核心的母子公司协同机制。

文化协同是灵魂。只有实现了有效的文化协同，才能促进各方力量开创性地实施战略协同。华润的文化协同主要表现在文化定位和文化传播两方面。华润置地与华润集团具有同样的企业使命、企业标语、企业精神和经营理念。

资本协同是关键。华润的资本协同可以细化为财务政策协同、投融资协同和关联交易协同。比如，2005 年 5 月和 2006 年 3 月，华润集团先后两次发行企业债券，将所融资金主要用于地产、日用消费品制造与分销等主营业务发展。借助关联交易，华润减少了现金需求量，降低了财务风险，改善了股权结构，节约了税金支出，提升了企业价值。

土地协同是依托。华润的土地协同体现在土地储备策略和土地储备实践两个方面。其中，华润置地通过关联交易获得大量优质土地，如 2006 年 12 月，折价购入华润集团位于成都、北京的约 300 万平方米建筑面积的土地。

市场协同是基础。作为最有推动力的利润中心，华润置地已与集团内的华润零售、华润建筑、华润保险等多个利润中心展开深度合作。华润的多个利润中心都服务于终端消费者，具有类似的客户群，便于实现客户资源共享，协同营销。

人才协同是保障。华润置地与华润集团都秉承以人为本的人才理念，强调实现股东价值最大化与员工价值最大化的有机统一。在此基础上，华润把握住人才协同的本质——知识经验协同，积极推进最佳实践共享。此外，以人才考核协同确保人才协同效应的最大化。

第二节 集团管控总模型

在介绍集团管控总模型之前要着重强调一下，集团管控虽然是内在逻辑性强、联动的管理系统，但是千万不能把集体管控机械地理解为对集团企业改天换地的大变革，大变革也是需要的，但更多的时候，对于集团企业管理，牵一发而动全身。还记得给机器画圈的那个专家吗？就是那个画一个圈收 1 美元，知道在哪里画收 9 999 美元的管理故事。机器运转不太正常，不是要淘汰机器或者动大手术，而是切中肯綮——找准位置换个线圈就行了。

基于当前集团管控实践中出现的新问题，我们改进了集团管控总模型这一咨询工具。新的模型考虑问题更为全面，对集团管理和控制更具指导意义。本节就来介绍新的基于组织与机制变革要求调整改进过的集团管控总模型，并对集团管控的几个核心问题着重阐释。

一、集团管控总模型

1. 集团管控成败的关键因素

总体来说，集团管控成败的关键因素有 7 个方面（见图 2-3），集团管控的成败源于对这 7 个因素的理解程度、实现能力，以及基于上述能力现状的管控模式选择。

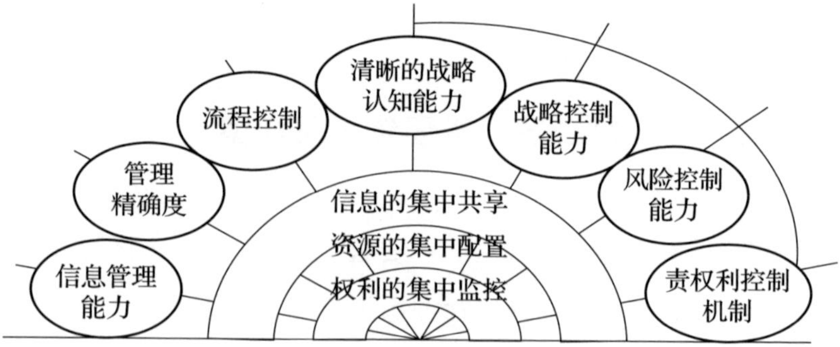

图 2－3 集团管控成败的关键因素

基于长期以来对集团企业的研究和咨询服务经验，我们认为，企业应该在确认自身战略目标的基础上，对组织管控模式、人力资源、企业文化三个要素进行整合，才能全面提升管理水平。这即是我们对组织与机制变革的总体解决模型（见图 2－4）。

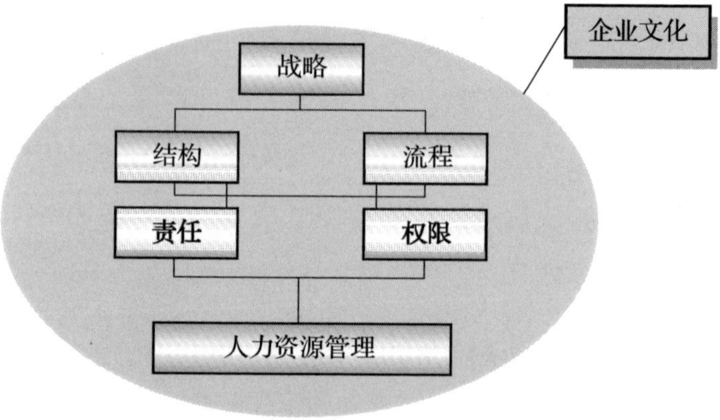

图 2－4 组织和机制变革总模型

资料来源：仁达方略数据库。

长期以来存在着这样一种观点：大型多元化集团的模式会降低整体股东价值。实践中，一些对多元化集团的研究也表明，由于缺乏清晰的集团组织模式与功能定位，很多集团总部并未实现其应有的价值。

其实这是一种误解，因为集团（及总部）完全可以通过支持下属各业务单元来增加价值。为了增加整体价值，集团应能保证下属业务单元的总体价值大于每个业务单元价值的简单相加，并有较大的提高。因此，国内外很多知名的集团企业正对集团整体进行有目的的组织模式设计，来保证实施明确的整体战略，从而创造极其明显的股东价值。

根据上述组织与机制变革总体解决模型，大型企业成功的关键因素主要取决于成功的战略、有效的运营以及高效的组织。如表 2-1 所示。

表 2-1　大型企业成功的关键因素

因素	含义
成功的战略	战略为企业指明了前进的方向和有效的实施策略
有效的运营	运营是实现战略的具体行动
高效的组织	高效的组织是战略和运营的有效保证

在这三个关键的因素中，高效的组织起着最为重要的作用。据统计，3/4 的集团企业战略失败是由于组织没有能力实施。如图 2-5 所示。

因此，大型集团企业必须重新审视自身组织模式能否保证发展战略的实施，能否创造显著的管理价值和卓越业绩。

高效组织的实现，除了要有有效的结构、流程和权责体系，还要有优秀的企业文化作保障。

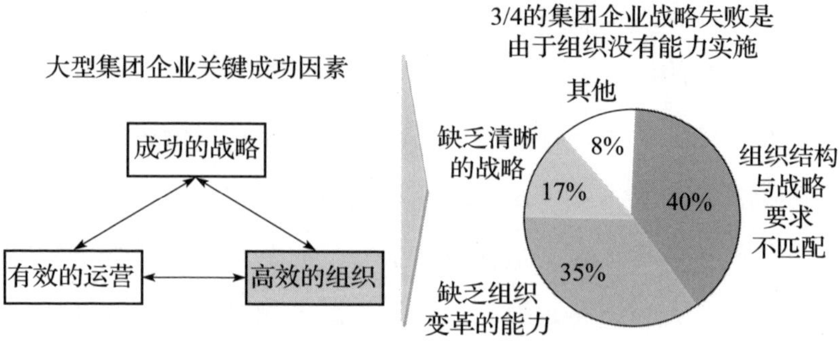

图 2-5 大型企业成功的关键因素

资料来源：仁达方略数据库。

2. 组织结构变革的影响

组织结构设计不仅仅影响结构本身，其调整和变革还将直接影响其他领域，具体的影响如图 2-6 所示。

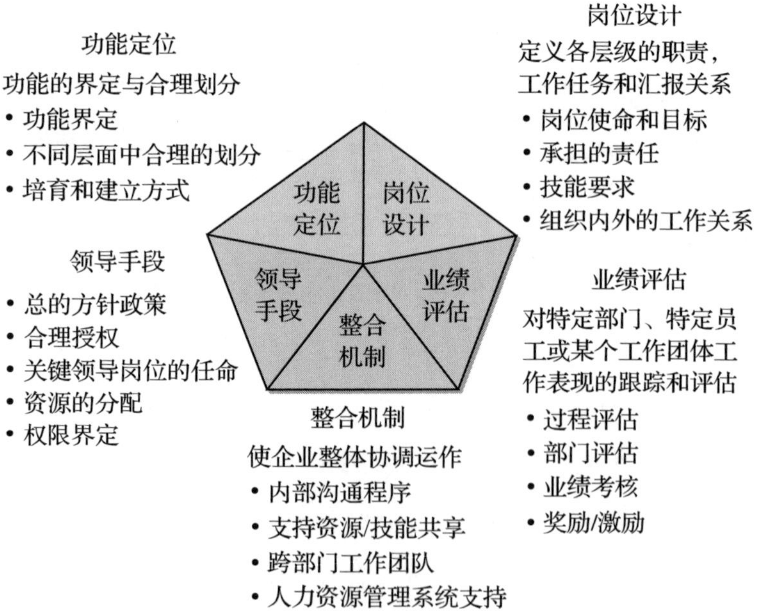

图 2-6 组织结构变革的影响

（1）功能定位。组织变革对集团功能定位的影响主要涉及集团总部及下属分支机构功能的界定与合理划分。集团的功能定位一般考虑功能界定、层次划分、培育方式几个方面。如表 2-2 所示。

表 2-2　集团功能定位考虑的因素

因素	含义
功能界定	对集团各组成部分的功能进行界定
层次划分	划分集团组织模式的管理层次
培育方式	培育集团各层次的目标功能

（2）岗位设计。岗位设计主要是指对各层级的职责、工作任务和汇报关系的定义。组织变革必然会带来岗位设计的变化。岗位设计一般包括岗位使命、岗位职责、技能要求和内外关系等几方面的内容。如表 2-3 所示。

表 2-3　岗位设计包含的内容

内容	含义
岗位使命	确定各岗位的工作使命和目标
岗位职责	确定各岗位的具体职责
技能要求	确定各岗位对工作人员的技能要求
内外关系	确定各岗位和内外部的各种关系

（3）领导手段。不同的组织结构对领导水平的要求是不同的，例如，财务管控型的管理模式只关心下属公司的财务状况，对集团的领导能力要求较低；而运营管控型的管理模式对集团

下属机构的方方面面都要管理，对集团的领导能力要求就相对较高。因此，组织变革必然要求管理手段也随之变化。领导手段一般有确定方针、合理授权、岗位任命、资源分配、权限界定几种，如表 2－4 所示。

表 2－4　常用的领导手段

手段	含义
确定方针	实现对组织的宏观领导
合理授权	利用合适的人选达到绩效目标
岗位任命	通过关键岗位任命达到对相关部门的领导意图
资源分配	规定业务发展的侧重点
权限界定	实现对下属部门的直接领导

（4）业绩评估。业绩评估主要是指对特定部门、特定员工或者某个工作团体工作表现的跟踪和评估。组织发生变革后，业绩评估的方式也要相应改变。业绩的评估方式一般包括过程评估、部门评估、业绩考核和奖励/激励。如表 2－5 所示。

表 2－5　工作表现评估方式

方式	含义
过程评估	对相关人员的工作过程进行监督和评价
部门评估	对整个部门的表现进行整体评估
业绩考核	对员工的工作业绩进行定期考核
奖励/激励	对员工的工作表现进行相应的奖励或激励

（5）整合机制。整合机制是指使企业整体协调运作的一整

套做法。组织变革要想顺利进行，必须要有强大的整合机制作支持，否则很难取得成功。大多数组织变革的失败原因就是缺乏有效的整合机制。整合机制一般包括内部沟通程序、支持资源/技能共享、跨部门工作团队和人力资源管理系统支持几方面的内容。如表 2－6 所示。

表 2－6　整合机制涉及的因素分析

因素	含义
内部沟通程序	内部沟通程序有利于公司内部部门之间、员工之间的交流和协调
支持资源/技能共享	充分利用公司所拥有的资源和技能
跨部门工作团队	实现部门之间的协调一致，充分发挥团队优势
人力资源管理系统支持	为公司的整合机制提供人力资源保证

二、集团管控的核心问题

集团管控体系作为一个宏观管理议题，包含很多内容和考虑因素，各内容和子议题间既相互关联，又有自己相对独立的系统。我们在长期的项目经验、管理研究和实践总结的基础上，提炼出集团管控体系咨询的一整套流程和方法论。

我们认为集团管控要解决 4 个核心和关键问题，且这 4 个问题具有内在的关联性和逻辑性。其中，责权体系是核心。如图 2－7 所示。

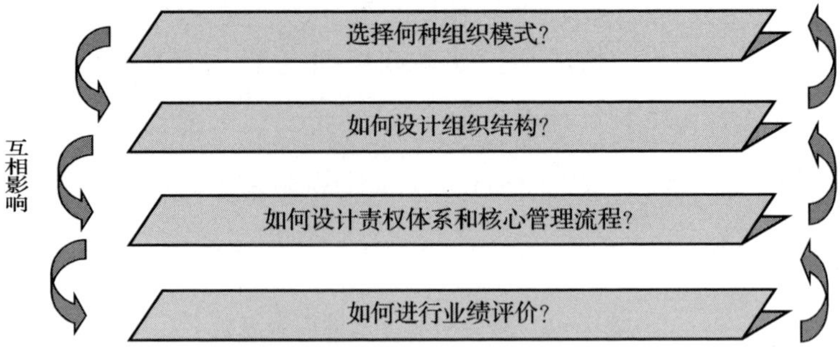

图 2-7　集团管控体系的 4 个核心问题

资料来源：仁达方略数据库。

1. 选择何种组织模式

主要和常见的集团企业组织管控模式有战略管控型、运营管控型和财务管控型三种。在实践中可能是上述三种主要模式中的一种，也可能是几种模式适当的综合。

具体到特定的集团企业，则需根据企业的实际经营情况、未来业务走向、领导风格等诸多因素进行科学的选择和设定，在适应产业竞争及资源优化配置要求的同时，有效驾驭集团快速扩张中的各种管理风险。组织模式选择的思路如图 2-8 所示。

2. 如何设计组织结构

集团组织模式的确立，将清晰地指明集团总部和下属业务单元的功能定位，并进一步明确各级组织在不同功能中的角色。然而这些新的功能和角色定位，无疑对现有的组织结构提出了较大的挑战，因此，有必要通过组织结构的调整和优化设计，将这些功能和角色在岗位和部门间体现出来，以支持集团组织模式的有效实现。组织结构设计一般包含三个具体的管理议题：

治理结构、集团功能定位和组织结构设置。具体的设计思路如图 2－9 所示。

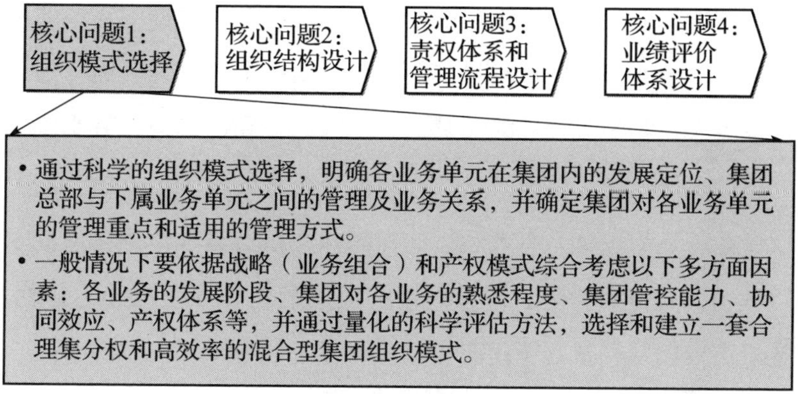

图 2－8　组织模式选择的解决思路

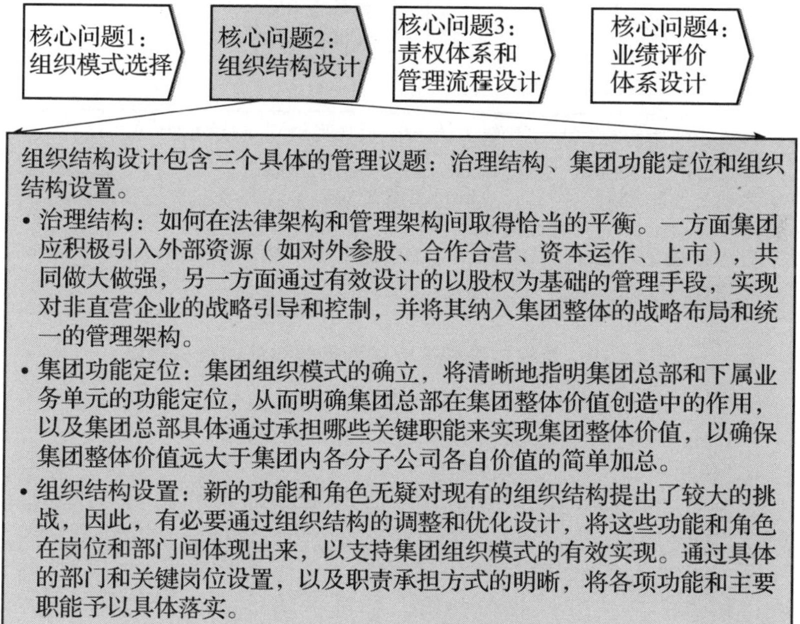

图 2－9　组织结构设计的解决思路

3. 如何设计责权体系和核心管理流程

在组织结构中，虽然明确了各部门和关键岗位的功能定位和主要职责，但在实际的经营管理过程中职责是在流程中具体体现出来的。因此，这一阶段将在新的组织结构下，梳理、优化关键管理流程，明晰流程中的关键节点、障碍点和控制点，并明确各岗位的责任范围和承担方式，同时赋予相应的权限。一体化的责权体系将是组织体系有效运行的保障。而权责管理体系构成战略管理、人力资源管理、预算管理和投资管理等管理流程的基础。关于责权体系和核心管理流程设计的解决思路如图 2－10 所示。

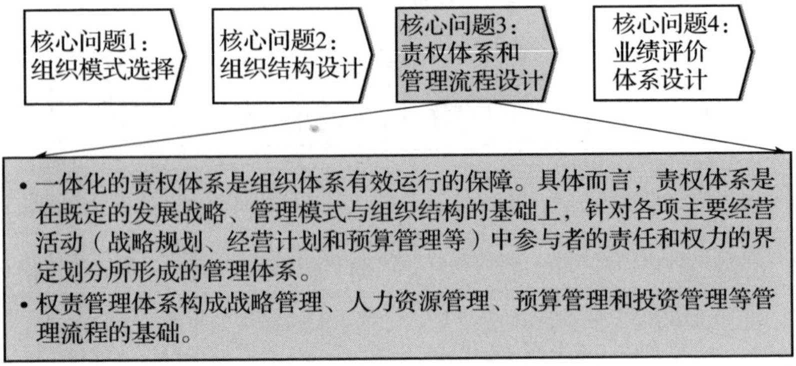

图 2－10　责权体系和核心管理流程设计的解决思路

4. 如何进行业绩评价

为确保新的管理架构能切实有效地运转，并促进与之相适应的行为和观念，集团企业应明确责任、岗位要求和期望，并通过科学的方法进行业绩评价。业绩评价体系设计的解决思路如图 2－11 所示。

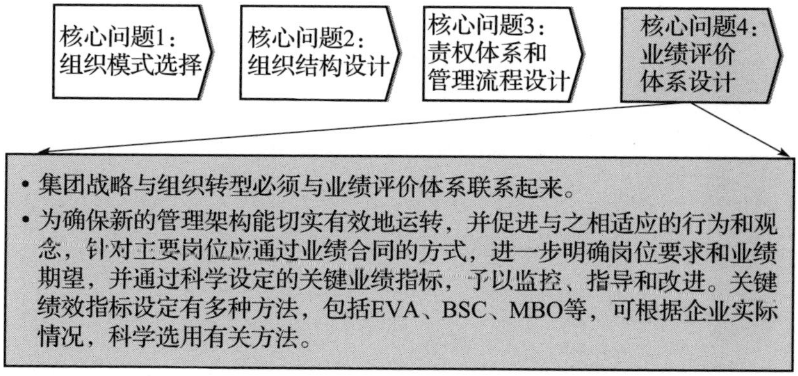

图 2－11 业绩评价体系设计的解决思路

综上所述，在集团管控体系设计中，要着重解决这四个核心的问题，关于这四个问题的进一步说明和解决，我们在以后的章节里详细论述。

三、集团管控的全要素

集团管控全要素包括战略、组织、运营、人力资源、文化与品牌五个方面。其中战略是集团管控的重要基础，需要分析集团在产业、价值链、商业模式等方面的母合优势，制定公司发展战略与竞争战略，明确集团定位；组织包括组织模式与结构、总部定位、法人治理及责权体系四个方面；运营包括风控与内控、预算管理、流程、信息化等方面；人力资源包括经理人队伍、外派人员管理及业绩评价等；文化与品牌主要包括文化整合与融合、集团品牌管理、社会责任等方面。

第三章

集团战略管理体系

GROUP
CONTROL

战略是集团企业谋生存和求发展首要关注的问题。战略是集团管控的前提，而非集团管控的一部分，战略为集团企业指明了发展方向和前进道路。换句话来讲，集团企业必须战略先行——谋定而后动。

战略是领航灯、引路人。战略管理体系是否完善，决定着集团企业的战略规划是否可行、战略执行能否到位、最终战略目标能否实现，也关乎集团企业当下的管理运营与未来的前途命运。因此，战略管理体系是集团企业接下来进行组织结构体系构建、责权管理体系和业绩评价体系设置、人力资源体系建立、集团文化建设等一系列管理行为和举措的重要前提。

我们主张强化集团战略调控能力，该调的时候能调，调得动，调得到位，让集团企业朝着既定战略目标前行，要的就是一种如臂使指的能力。

将战略落地分解动作连在一起，就是战略业务管理体系(见图 3－1)。

第一节　战略先行，谋定而后动

迈克尔·波特说："制定战略很重要的一步，是企业家必须花心思好好界定企业所经营的产业。"

在经营企业的过程中，商业模式的选择决定了企业的经营方式和盈利模式，同时也决定了企业的性质。找到一个适合的

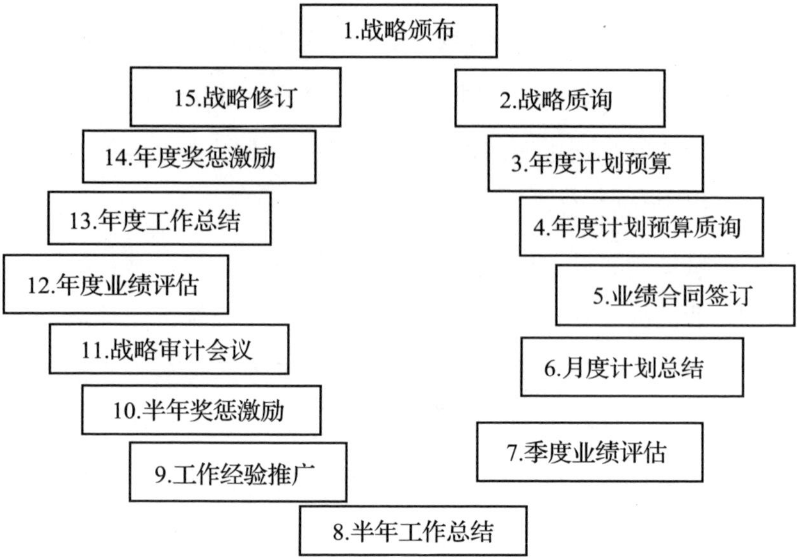

图 3-1 战略管理体系

商业模式对于企业的持续发展至关重要。简单地说，商业模式就是公司通过什么途径或方式来赚钱，在企业设计和制定战略时，如何进行商业模式的创新已成为决定企业能否在市场竞争中获胜的关键因素。

一、选择产业组合，优化产业链布局

选择适合的产业投资，并实现产业投资的多元化最优组合，是企业进行战略定位的首要步骤。但如何选择产业，是摆在企业家面前的一道难题。我们的产业组合平滑波动曲线理论和实现产业投资最优组合模型，为企业进行产业选择提供了有效的方法和工具。

此外，要保持企业在产业内的核心竞争优势，关键之一就是要保持其在价值链上的竞争优势。通过挖掘价值链细分和进行产业价值链定位，企业将自己的资源集中在价值链的核心价值环节。

综观世界大型企业的多元化投资战略，它们在表现形式上各有不同。例如，通用电气（GE）从事资金密集型、创新周期长的产业，强调文化、管理、人才、技术、资源、品牌的高度统一。巴菲特可以说是多元产业发展的一个代表，他讲究在价值发现的基础上，参股且长期持有，奉行多品牌、多元产业投资组合。他不会很深入地介入企业的管理，更不会替换原来的管理团队。李嘉诚的模式则是控股但奉行多品牌策略，投资于一定程度上周期互补的高技术和传统产业组合，保持低负债率，保持有节奏的发展。

GE 一直被公认为是跨行业多元化投资和经营的成功典范，它从一个小灯泡起家，目前产业已延伸到国防、电力、医疗、金融、传媒等 11 个多元化事业群，员工人数达 30 多万，连续 20 多年保持两位数的增长，连续多年位居全球市值第一。从 1984 年 10 亿美元的初试牛刀，杰克・韦尔奇一路疯狂并购直到卸任，共完成了 993 次兼并。

在韦尔奇 993 次并购背后，是 GE 强大的资本实力和百年的企业信誉。GE 的多元化实质上是利用美国丰富的金融工具和金融衍生工具，通过高超的资本运作手段，来谋取高于产业平均利润水平的。从这个意义上来说，GE 的多元化实际上是多元化投资，而不是产业扩张的多元化经营。

20 世纪 80 年代初，韦尔奇提出了“第一或第二”的经营战略。他果断淘汰了一些虽在盈利但已过时的业务，只保留那些在市场上占统治地位的业务，要求所有的事业部都要变成市场中的第一或第二，否则就将其关闭，从而实现使 GE 成为全球最具竞争力公司的目标。经过 10 年调整，到 90 年代中期，GE 的各主要事业部都已在全球市场上居于主导或接近主导的地位。

GE 模式的关键点在于平衡核心业务与增长业务，使利润率相对较低但相对稳定的传统行业和利润丰厚但不确定性较大的服务行业相辅相成，实现稳定快速增长。比如，长线产业如航空引擎部门和动力部门的利润率低但相对稳定，而朝阳产业的金融部门利润率高但是风险大，GE 的战略就是稳住长线产业，大力发展金融服务业和利润率高的新兴产业。

长江集团也是多元化成功的楷模，其产业分为 7 大块，传统产业有港口及相关服务、房地产、零售及制造、能源及基建，新兴产业有电信、互联网、生命科技。传统产业具有较长的发展历史，有规律可循，在经营模式及风险规避等方面有一定的经验积累。所以，企业进入传统产业较为稳妥，但利润空间有限，市场越是走向饱和，竞争越是激烈。新兴产业风险较大，但如果能抢先占领新兴产业市场，将在市场份额及利润空间方面占据优势，成为领军企业。长江集团实行传统产业和新兴产业并举，可以充分发挥它们各自的优势。

此外，长江集团的传统产业和新兴产业之间，以及各产业相互之间的关联度很低，一个产业受到影响，不会波及其他产业，能保证企业稳健发展。长江集团通过对传统产业和新兴产业进行有机搭配，既充分发挥两种产业的优势，又通过依据不同行业周期差异进行产业配置，来规避单个行业周期风险，从而获得持续、稳定的长期超额利润。

长江集团的控股公司和记黄埔的七大产业，包括通信、港口、零售、地产、能源、金融和基建，各产业也实现了互补。如果将该七大行业分别讨论，零售业的最低增长率是－50%，而能源业最高增长率是 200%。但若将这七大行业当成一个资产组合取加权平均增长率，则最低的增长率是－5%，最高的增长率是 20%，波幅足足缩小了 90%。这种波幅大为减小的现象大幅降低了企业经营的风险。

以零售业为例，零售业的增长率不但是和黄的七大产业中最差的，而且是波幅最大的：1998 年的增长率是所有七大行业中最差的－30%，1999 年跳到七大行业中最好的 50%，2000 年狂跌至七大行业中最差的－50%，2001 年仍维持在七大行业最差的－20%。因此如果和黄零售业本身是一家独立的公司，那么它能否生存可能都是问题，但是整合后的资产组合却抵消了零售业的风险。

复星集团是中国民营经济多元化产业公司的代表，旗下有四大主业（复星称之为“产业投资”）：钢铁、房地产、医药以及零售。2008 年 7 月 16 日，复星国际（注册在香港，100%控股复星集团）在香港成功首次公开募股，成为香港资本市场接受的第一家内地多业务的民营综合类企业。

复星依靠四大产业不同收益特性、成长规律的非关联产业组合，一定程度上达到了平滑波动曲线、保持集团持续成长的目的。比如复星四大主要产业的收益特性各不相同。医药产业的收益特性是持续成长，房地产的波动幅度较大，零售业波动幅度较平缓，钢铁波动幅度也不大，但周期较长达到 12 年左右。四大产业的收益特性还体现出一定程度的低相关性。钢铁业的长周期、平缓收益增长波动的特性可以一定程度上平衡房地产业的短周期、大幅波动，医药产业收益持续增长的特点可为企业带来持续性收益。

复星的创始人之一梁信军总结复星的“多元化基因”来自四个方面：

第一，文化的包容性。管理团队的利益跟集团长期利益是一致的，才能加强控制，这是核心。这意味着在某一个产业里要有专业化的投资者与管理者，投资者向管理者授权，和管理者分享发展价值。

第二，管控架构。复星管控的要害是重大投资项目一定要审核，通过“系统对标”持续抓优化管理。

第三，多渠道融资的体系建设。

第四，风险控制的机制。

此外，复星选择进入产业的时间点往往把握得比较好。无论钢铁还是医药，都是在行业低谷期进入，这往往成为复星比其他投资者胜出一筹的原因。

GE、长江集团、和记黄埔和复星的成功多元化投资战略，在本质上有一个共性，就是根据不同产业之间利润率、成长周期波动幅度的不同，将利润率高、波动幅度大的产业和利润率低、波动平缓的产业进行组合，实现风险相抵、优势互补，形成一个平滑波动曲线，从而使企业的平均利润率保持在一定的水平，实现收益的持续增长，这就是产业组合平滑波动曲线理论，模型如图 3－2 所示。

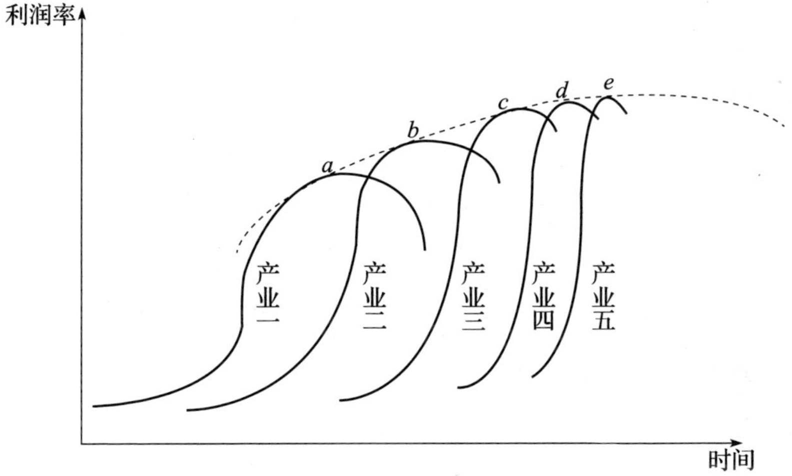

图 3－2　产业组合平滑波动曲线模型

资料来源：仁达方略资料库。

由图 3－2 可以看出，五个产业具有不同的利润率和成长周期，从产业一到产业五的利润率依次增高，成长周期的波动幅度依次增大，产业一的利润率最低、波动幅度最小，产业五的利润率最高、波动幅度最大。这样五个产业进行组合，将五个产业的利润率最高点 a，b，c，d，e 连接起来就形成一条平滑的波动曲线（虚线），即企业的收益曲线，企业从而规避了单个产业利润率降低的风险，得到了收益的持续增长。

二、区分多元化产业集团与投资集团

从形成及运营过程来看，一般企业集团可以分为两种类型，即投资集团和产业集团，简单来说，投资集团对其选择的产业进行投资，围绕公司既定的发展目标，积极寻找最有利的投资项目，先进行阶段性持股，再选择合适的时机转让退出，从而最大限度地实现资本保值增值，进行的是资本运作；而产业集团则是在其选择的产业中深耕细作，销售货物，提供服务。

具体来说，首先，产业集团和投资集团在投资的目的上存在较大差别。多元化产业集团进行实物资产的投资，目的是从事生产经营活动，获取生产经营利润，着眼于资产存量的增加和社会财富的增长，直接形成社会物质生产力。从投入和产出的关系看，产业集团是一种直接投资的集团；投资集团主要进行金融资产投资，目的在于金融资产的增值收益，即使投资于实业，最终也是将实业作为产品出售。投资集团并不直接增加社会资产存量和物质财富，从投入和产出的关系看，投资集团是一种间接投资的集团。

其次，投资集团和产业集团的战略选择思路不同。企业战略的实质就是选择做什么和不做什么，客观上说是怎么布局，即应该选择什么样的产业。投资集团的战略选择相对来说就很简单，它们所考虑的问题主要是哪个行业能挣钱、哪个行业投资收益更大。获取最大收益是它们的首要任务，因而它们在选择产业时受到的限制相对少一些，选择的空间更大一些。产业集团就不一样，它必须根据集团资源和能力的匹配情况来选择产业。比如可能有一个产业会很赚钱，但还得根据集团本身的资源能力来权衡，而不是根据获得利润的多少来做出战略上进入或退出的选择。

最后，投资集团和产业集团对人才的要求是不同的。投资集团所雇用的大多是投资、财务、法律等方面的人才，主要进行金融资产投资，目的在于金融资产的增值收益；而产业集团需要的主要是经营管理方面的人才，从事经营活动，获取生产经营利润。

在了解产业集团和投资集团的差别后，企业集团就要根据自身的实际情况，分析自己到底要做产业集团还是做投资集团。

三、多元化产业集团产业组合成功的奥秘

目前，计算多元化产业投资常见组合的方法模型主要有 GE 矩阵和 ADL 矩阵。

如图 3－3 所示，GE 矩阵是战略规划最常用的工具之一。GE 矩阵可以用来根据事业单位在市场上的实力和所在市场的吸引力，对这些事业单位进行评估，也可以描述一个公司的事业单位组合，判断其强项和弱点。在需要对产业吸引力和业务实力作广义而灵活的定义时，可以以 GE 矩阵为基础进行战略规

划。按市场吸引力和业务自身实力两个维度评估现有业务（或事业单位），每个维度分三级，分成九个格以表示两个维度上不同级别的组合。在两个维度上可以根据不同情况确定评价指标。通过对战略事业单位在矩阵上的位置分析，公司就可以选择相应的战略举措。

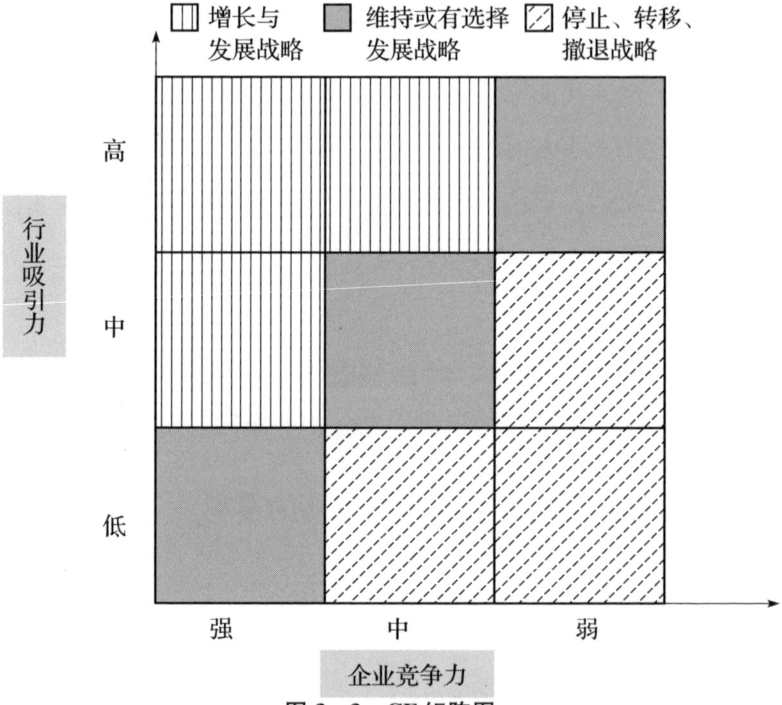

图 3-3 GE 矩阵图

ADL 矩阵（如表 3-1 所示）是由著名的管理咨询公司阿瑟·D. 利特尔公司（Arthur D. Little，ADL）于 20 世纪 70 年代提出的，即生命周期组合矩阵，是一项投资组合管理方法。ADL 矩阵把组织自身在市场上的优势与劣势同该市场的生命周期阶段相结合，其中一个维度是产业的生命周期阶段，另一个维度是企业的竞争地位。[1]

表 3－1 ADL 矩阵图

企业竞争地位	产业生命周期			
	萌芽阶段	增长阶段	成熟阶段	衰退阶段
统治地位		自由发展		
强势地位			有选择发展	
有利地位			紧缩	
维持地位				退出
软弱地位				

产业的生命周期分为萌芽、增长、成熟和衰退四个阶段。各阶段由外部因素所决定，包括：市场的增长率、增长的可能性、产品线的宽度、竞争者的数量、竞争者市场占有率的分布、顾客的忠诚度、进入障碍和技术。这些要素的均衡决定了企业产业的生命周期阶段，不同生命周期阶段的产业具有不同的特点。

企业的竞争地位从强到弱可分为五类：统治地位，处于统治地位的企业能够控制竞争者的行为，其战略的制定不受竞争者的影响；强势地位，处于强势地位的企业能够遵循自己所选择的战略而不必过多关注竞争对手的行为；有利地位，处于有利地位的企业虽不处于主导地位，但也居于良好的竞争地位，并拥有自己的竞争优势；维持地位，处于维持地位的企业具有

① http://wiki.mbalib.com/wiki/ADL%E7%9F%A9%E9%98%B5.

较好的业绩，能与主要的竞争对手相抗衡，有能够维持其地位的机会；软弱地位，处于软弱地位的企业竞争地位弱，优势少，很难长久地与竞争者相抗衡。

根据企业所处的产业生命周期及相应的企业竞争地位的不同，形成矩阵图。利用这种方法分析企业战略的适宜性，关键一点是首先确定企业当前在矩阵上处于什么位置。根据 ADL 矩阵，当企业和市场条件不同时，相同的战略可以有不同的形式。如一个占统治地位的企业可以主动引导消费，刺激需求量增加，从而达到市场发展的战略目标；而在一个成熟的市场上，实力弱小的企业没有能力使市场需求扩大，只能瞄准一个新的市场区段进行开发，或及时转向另一个有利的发展方向上去，这样才能达到发展的目的。

上述两个关于产业投资最优组合的方法模型也都存在一定的局限性。例如，GE 矩阵就存在对各种不同因素进行评估较难、指标的最后聚合比较困难、核心竞争力未被提及、没有考虑到战略事业单元之间的相互作用关系的局限性；ADL 矩阵存在没有标准的行业生命周期长度、确定行业生命周期当前阶段比较困难、竞争者有可能影响行业生命周期长度的局限性。

我们在对 GE 矩阵和 ADL 矩阵深入研究的基础上，结合企业多元化产业选择的相关因素，提出了基于内外部因素的产业投资组合模型和基于产业生命周期的多元化产业组合矩阵。这两个模型虽然很难彻底解决 GE 矩阵和 ADL 矩阵存在的局限性，但对评价指标进行了优化，对评价过程进行了简化，企业决策者使用这两个模型进行产业选择时，较方便实用。

第二节　强化战略调控能力

集团管控之中的战略管理体系是否完备，集中体现在其战略调控能力上。

我们知道世界处在不断的发展变化之中，经济环境在变，国内外市场在变，产业竞争格局在变，竞争对手在变，企业内部也在变——企业发展速度不是在上升就是在衰退过程中，静止的状态是非常罕见的。集团企业内外部都在变，以战略目标实现为先导和核心的战略管理体系怎么可能不变？就像逆水行舟，前一篙还没有完全扎到底就要马上找准下一篙的落点和力量，看似行舟方向速度目标都不变，气定神闲地在水中滑动，实际上没那么简单——篙者实时根据水文流速调整下篙的深浅、力度、速度和方向，这就是调控能力。

该调的时候能调，调得动，调得到位，让集团企业朝着既定战略目标前行，要的就是一种如臂使指的能力——调的方向调的方案有了，调不下去、调不完整、调不彻底，均不能视为有调控能力。很多中国企业家有着极其敏锐的商业直觉，所谓的战略也由此产生，但往往缺乏完整、科学的战略制定和评估体系来支撑，其结果就是：整个团队要么盲从于企业家，要么因为对战略缺乏认知而信心不足。要保障战略管控的成功，战略的有效执行是关键。

外部环境发生巨变，环境变化速度在提高，变化烈度在加强。内部环境也在变，人变了，新生代越来越多，新生代群体与以往很不同，原来很熟悉也可以很好操纵的船体变了，既要迎接狂风暴雨和陌生的海域，又要驾驶一艘功能、性能没来得及磨合的新船，必须提升企业的灵活应变能力、学习能力，增强战略适应性。

第三节　完善战略管理体系

拥有了一个基本的战略导向就必须通过系统调整、战略执行，将战略落实到整个企业的各个管理环节。这一过程中，需要通过企业员工的共同参与，积极的协作，共同做好一系列战略相关工作。这包括产品管理、人员管理、组织结构调整及企业文化管理等的相应调整。

战略为集团企业指明了发展方向和前进道路。一个公司的战略管理体系是否完善、战略规划是否可行、战略执行是否到位、领导企业发展的战略力是否形成等都直接关乎集团企业当下的管理运营与未来的前途命运。因此，战略管理体系是集团企业接下来进行组织结构体系构建、责权管理体系和业绩评价体系设置、人力资源体系建立、集团文化建设等一系列管理行为和举措的重要前提。

第四节　某医药集团战略管理案例

某医药集团的战略使命是迅速完成战略重组，两年内盈利，成为集团的投资类业务；其战略目标是 3 年后实际经营规模达到 5 亿元人民币，为集团的不断发展提供利润和现金流。

根据这一战略使命与目标，该医药集团提出了四个关键举措：必须在一年内，通过整体出售或引入战略合作者的方式完成战略重组；应尽快全面实施治理整顿，排除重组障碍，最终达到成功完成战略重组的战略目标；治理整顿的关键措施包括产品结构调整、机制创新、核心团队建设；集团层面应开展与战略重组相关的财务、税务、宣传等筹划工作。

一、医药板块战略分析

从该医药集团医药板块现有的优势资源看，其优势是医药产业整体产业链较为完整，目前集研发、生产、销售于一体；地处楚雄、昆明、深圳等地，具有开发医药产业的自然及政策优势。

但该医药集团医药板块也存在发展障碍，主要有以下几个方面：自身缺乏足够的资金和精力发展医药产业，没有推动医药产业发展的核心团队；目前，除其中一家医药公司有较为稳定的销售收入和微小盈利以外，其他两个公司都处于亏损状态；研发技术力量薄弱，产品结构不合理，生产线、生产设备在行业中处于中等水平，生产成本较高；销售渠道不健全，销售人员匮乏；不具有企业和产品品牌；固定资产投入较大，折旧摊销费用高，负债率较高，财务费用高等。

二、医药板块实现战略重组

资金、人力资源和营销是目前该医药集团亟须解决的问题。在资金有限的形势下，该医药集团必须在三大产业（医药、地产、文化）中作出选择，并集中优势资源向能够为集团创造更大价值的产业（地产、文化）投入。

我们在结合该医药集团医药产业现有资源，充分论证MBO、公开上市、整体出售、引入战略合作者、企业破产五种重组方式可行性的基础上，建议该医药集团采取整体出售或引入战略合作者的方式进行战略重组：资金和人才是两个相互制约的因素，但更核心的问题应该是关键人才的缺乏，解决了人才的问题，将会带动其他资源的整合；就整个医药集团来说，如果没有产品结构的调整，营销能力的提升没有意义；如何有效降低成本，提升运营效率等。该医药集团战略重组关键举措如下：

（1）产品结构调整：

● 确立以医药产品结构调整作为集团发展原动力的战略理念；

● 筛选药业公司的现有品种，对有潜力的品种进行二次开发；

● 通过引入战略伙伴、合作开发和购买等方式，开发一批极具市场价值的新品种。

（2）机制创新：

● 改变股权结构，引入战略合作者；

● 创新分配机制，高层管理人员的收入直接和所创造的价值挂钩；

● 建立与战略相适应的运营模式、组织构架。

（3）引进开拓型专业人才，形成药业集团高管团队：

● 打造战略导向型人力资源体系，搭建一流企业平台，以吸引并稳定关键人才；

● 形成一支与公司拥有共同价值取向，能够共同发展的核心团队。

第四章

集团组织结构体系

GROUP
CONTROL

集团组织结构体系是在集团战略管理体系明晰的前提下，通过对集团总部功能定位的详细认知、集团管理层次的划分与界定，而后进行的法人治理结构设计和组织结构设计的管理行为。我们认为，集团管控的前提是战略一定要是清晰和适应的。

第一节 管控模式选择：管控实施的重要前提

管控模式指集团对下属企业基于集分权程度不同而形成的管控策略。我们认为，管控模式是由集团功能定位决定的，必须与集团功能定位相适应。选择何种组织模式是集团管控要解决的四大核心和关键问题之一。管控模式一旦确立，集团总部和下属各业务单元的功能定位、角色将更为明确清晰，总部通过承担关键职能来实现集团整体价值创造，下属成员企业也将获得合理授权，并依据权限清单自主开展各项经营活动。

总部对下属企业的管控模式，按总部的集分权程度不同可划分成财务管控型、战略管控型和运营管控型三种基本管控模式。

一、财务管控型

财务管控型模式下，集团总部只负责集团的财务和资产运营、集团的财务规划、投资决策和实施监控，以及对外部企业的收购、兼并工作，下属企业每年会给定各自的财务目标，它们只要达成财务目标就可以。在实行这种管控模式的集团中，各下属企业业务的相关性可以很小。典型的财务管控型集团如和记黄浦。和记黄浦集团在全球 45 个国家经营多项业务，雇员超过 18 万人，它既有港口、地产、酒店、零售、制造、能源及基建业务，也有因特网、电信服务等业务。总部主要负责资产运作，职能人员并不多，主要是财务管理人员。GE 采用的也是这种管控模式。这种模式可以形象地表述为“有头脑，没有手脚”。

采用财务管控型模式的集团企业，其总部作为投资决策中心，以追求资本价值最大化为目标，管理方式以财务指标考核、控制为主。一般资本型企业集团多采取这种管控模式，例如，摩根财团、洛克菲勒财团、光大集团等。

二、战略管控型

战略管控型模式下，集团总部负责集团的财务、资产运营和集团整体的战略规划，各下属企业（或事业部）同时也要制定自己的业务战略规划，并提出达成规划目标所需投入的资源预算。总部负责审批下属企业的计划并给予有附加价值的建议，批准其预算，再交由下属企业执行。在实行这种管控模式的集团中，各下属企业业务的相关性很高。为了保证下属企业目标的实现以及集团整体利益的最大化，集团总部的规模并不大，但主要集中在进行综合平衡、提高集团综合效益上做工作。如平衡各企业间的资源需求、协调各下属企业之间的矛盾、推行“无边界企业文化”、培育高级主管、品牌管理、最佳实践经验的分享等。这种模式可以形象地表述为“上有头脑，下也有头脑”。运用这种管控模式的典型有英国石油、壳牌石油、飞利浦、中粮集团、华电集团等。目前世界上大多数集团企业都采用或正在转向这种管控模式。

对于采用战略管控型模式的集团企业而言，其总部作为战略决策和投资决策中心，以追求集团总体战略控制和协同效应的培育为目标，管理方式通过战略规划和业务计划体系进行管理，一般多为混合型企业集团所采用，例如，日本三菱、东京金融集团和三菱商事，国内的招商局集团、国家电网等。

三、运营管控型

运营管控型模式下，总部从战略规划制定到实施几乎什么都管。为了保证战略的实施和目标的达成，集团的各种职能管理非常深入。如人事管理不仅负责全集团的人事制度政策的制定，而且负责管理各下属公司二级管理团队及业务骨干人员的选拔、任免。在实行这种管控模式的集团中，各下属企业业务的相关性很高。为了保证总部能够正确决策并能应付解决各种问题，总部的职能人员会很多，规模会很庞大。如 GE 在 1984 年以前采用的就是这种管控模式，总部职能人员达 2 000 多人。直到杰克・韦尔奇任 CEO 后才转变为财务管控型模式，大大减少了总部参谋人员。这种模式可以形象地表述为“上是头脑，下是手脚”。IBM 可以说是这种模式的典型，为了保证其全球“随需应变式”战略的实施，各事业部都由总部进行集权管理，计划由总部制定，下属单位则负责保障实施。

采用该模式的集团企业，其总部作为经营决策中心和生产指标管理中心，以对企业资源集中控制和管理，追求企业经营活动的统一和优化，直接管理集团的生产经营活动（或具体业务），多为单一产品的集团企业所采用。

可见，运营管控型和财务管控型是集权和分权的两个极端，战略管控型则处于中间状态。有的集团从自己的实际情况出发，为了便于管控，将战略管控型进一步细划为战略经营型和战略设计型，前者偏重于集权，后者偏重于分权。(见图 4－1)

四、三种管控模式的责权划分

(一) 财务管控型模式下的责权划分

实施财务管控型模式的集团母公司一般侧重于投资和财务管理，如集团公司的财务和资产管理、集团公司战略规划、监控/投资管理、收购、兼并等。集团母公司基本相当于投资管理公司或者风险投资公司，它们并不一定关注下属企业的长远发展，可能只在乎业务前景的可升值性。它们对于下属企业的主要控制是财务指标，保证具体业务的资产回报率及相关财务指标。这种集团公司控制关注于资产经营，而不是日常经营管理事务。各下属企业会有各自的年度财务目标，它们只要达成财务目标就可以。在实行这种管控模式的集团公司中，母公司不需要很多的人，需要的都是法律和财务人员，各下属企业业务的相关性也很小。这种类型体现出非常强的分权化倾向。

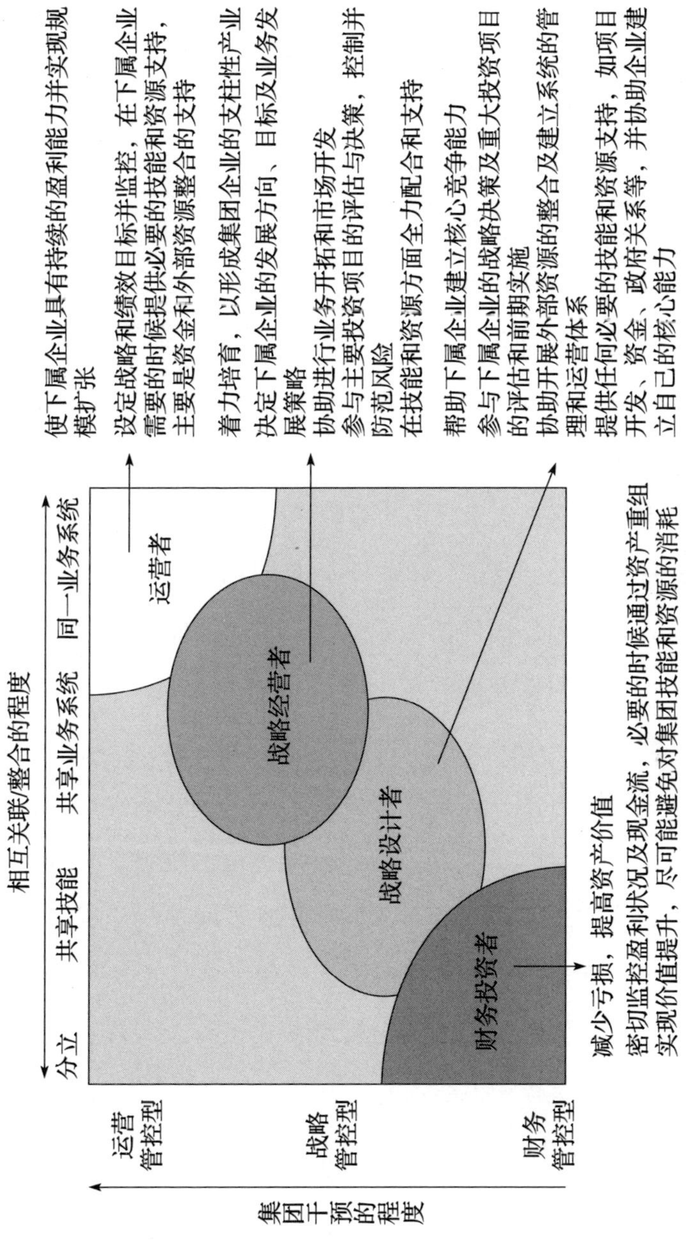

图 4-1　集团管控模式

资料来源：仁达方略资料库。

集团母公司的责权主要包括：

（1）制定集团公司的发展战略和发展规划，审定子公司战略方案；

（2）向子公司委派或更换股东代表，推荐董事会、监事会成员；

（3）监控子公司经营计划的执行、主要经营举措和业绩、关键财务指标；

（4）建立集团公司财务管理体系，审核子公司的财务制度与财务预决算；

（5）审批和监督各子公司的筹资、投资、抵押和担保等；

（6）对集团公司及子公司进行内部审计；

（7）处理集团公司外部关系，协调集团公司与子公司之间以及子公司之间的重大关系；

（8）向子公司提供有关法律、税务方面的咨询服务。

以华润集团为例，其总部在管控层面上只做四件事情：首先是管战略，确定一级利润中心的发展速度、规模、方向；其次是管人，决定一级利润中心一把手及班子成员的组成；再次是管财务，包括资金政策和财务报表政策，各企业执行统一的会计政策，杜绝假账等；最后是管考核和预算，考核各利润中心的经营业绩，审核和批准各公司上报的预算。

（二）战略管控型模式下的责权划分

战略管控型集团企业的责权划分如图 4－2 所示。

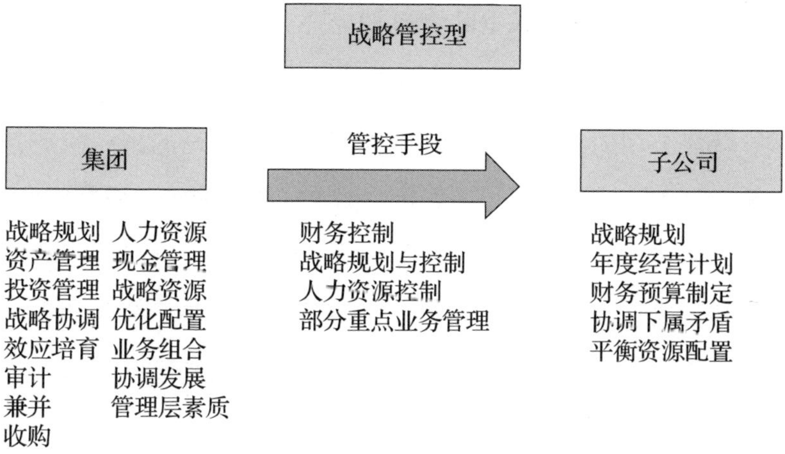

图 4－2　战略管控型集团企业责权划分

资料来源：仁达方略资料库。

战略管控型集团母公司的责权主要包括：

(1) 制定集团公司的发展战略规划，审定子公司的发展战略方案；

(2) 建立集团公司派出人员选拔、培养、考核、激励机制，向子公司委派或更换股东代表，推荐董事会、监事会成员；

(3) 审批子公司重大决策方案和年度经营计划；

(4) 建立集团公司财务管理体系和全面预算管理体系，审核子公司的财务制度与财务预决算，对集团公司及子公司进行内部审计；

(5) 制定集团公司投资战略，决定集团公司重大投资、融资、技术改造项目，对外经贸合作，重大科研与开发项目；

(6) 审批和监督子公司的筹资、投资、抵押和担保等。

（三）运营管控型模式下的责权划分

运营控制型管控模式下，为了保证战略的实施和目标的达成，集团公司的各种职能管理非常深入。母公司的核心职能包括集团公司战略规划、投资管理、财务战略、营销、资产监控、收购、兼并、公关、法律、审计、营销、采购、新业务开发、人力资源管理等。如人力资源管理不仅负责全集团公司的人力资源政策的制定，而且负责管理各下属公司管理团队及业务骨干的选拔、任免。

集团母公司的责权主要包括：

（1）制定集团公司的发展战略和发展规划，审定子公司战略方案，对子公司贯彻落实集团公司发展战略及发展规划的各项工作进行指导、检查和监督；

（2）核定重大组织结构设计和调整，审批子公司章程和重大决策方案；

（3）建立集团公司派出人员选拔、培养、考核、激励机制，向子公司委派或更换股东代表，推荐董事会、监事会成员；

（4）监控子公司经营计划的执行、主要经营举措和业绩、关键财务指标；

（5）建立集团公司全面预算管理体系，制定统一的预算制度；

（6）建立集团公司财务管理体系，制定集团公司财务、会计政策，审核子公司的财务制度与财务预决算等。

第二节　总部定位：明确集团公司的功能

集团企业的组织结构往往由历史原因形成，复杂、庞大，难以驾驭，并且与现实利益纠结，受历史遗留问题羁绊，所以很难做大的根本性的调整。我们在讲集团企业的组织结构调整时，一般是指集团公司的组织结构调整。集团企业并购重组后，需要深入地探讨集团总部和各分子公司如何来定位。也就是说，集团企业对于下属企业除做好管控模式的选择之外，总部开展什么样的业务、规范什么样的功能要加以科学的设置。这样，可以界定集团企业的管理边界，合理地划分总部和各分子公司的权责界面，以达到集权有度、分权有效的效果。这就是集团公司的功能定位，也叫总部定位、集团总部功能定位等。

集团企业为实现发展目标需要系统规划的资源和能力主要有四大方面：一是运营能力，包括技术研发、生产制造、市场运作等；二是成长能力，包括战略管理、资本运营等；三是无形资产的保有和经营的能力，包括技术专利、品牌等；四是资源的获取和经营的能力，包括政府关系、战略伙伴等。这四种能力在整个集团企业内部的分布是不均匀的，其重点需要的资源、能力定位也是不一样的。

现在的多元化产业集团多地域、多产业投资经营，集团更多地提供集中化的服务和职能管理，对总部能力的要求更高，其功能定位的选择也更为复杂。在这里，我们先分析集团总部一般功能以及不同管控模式下的集团总部功能定位，在此基础上考虑整个集团内不同管理层次的功能定位。

一、集团总部的一般功能

集团总部的功能定位是整个集团各管理层次功能定位的基础，许多大型企业的管理混乱都是由总部功能定位不清造成的。一般说来，集团总部具有六大功能：战略管理、资产管理与投资、业绩管理、财务管理、人力资源规划、协调及共享服务，具体内容如图 4－3 所示。

战略管理	资产管理与投资	业绩管理	财务管理	人力资源规划	协调及共享服务
· 为集团制定战略方向和前景 · 提供战略远景和方向以指导业务单位经营 · 审核业务战略，分配各业务的资源 · 审批下属单位章程和重大决策方案 · 制定购并/拆分业务方案 · 提出及批准收购和撤资方案 · 组织结构设计 · 质询业务战略和技术/经营的可行性	· 建立资产保值增值考核评价体系 · 利用资本市场，开辟投融资渠道 · 提高资产质量和盈利能力 · 审批下属单位注册资本的增减和股票、债券发行方案 · 建立合理的资本结构 · 建立风险政策	· 监控下属单位经营计划的实现，监控下属单位主要经营举措及项目的经营业绩 · 定期监控关键的财务、运作和方案指标	· 建立集团财务管理体系，建立健全集团企业和有关企业的财务、会计制度 · 编制财务报告 · 审批和监督下属单位的重大筹资、投资、抵押和担保等 · 审核全资子公司的财务制度和财务预决算 · 提供内部银行功能	· 建立集团人力资源管理体系 · 向控股和参股企业委派或更换股东代表，推荐董事会、监事会成员 · 建立集团派出产权代表和管理人员的选拔、培养、考核、激励机制 · 制定和协调重要的人力资源政策	· 协调下属单位之间的联系，确保互相协同 · 规模采购 · 集中的品牌管理和控制 · 重塑推广与集团战略相适应的企业文化 · 集团信息系统规划 · 处理集团外部关系

图 4－3　集团总部的六大功能

资料来源：仁达方略资料库。

二、不同管控模式下的总部定位

(一) 总部定位的三种形式

集团总部有不同的形成方式和运作方式，不全是总部、二级公司、三级公司这种传统形式。一般来说，集团总部主要划分三种形式：

1. 多总部式

指企业（集团）随着业务壮大，在多地设有发展中心，为便于对各属地业务的管理，在特定地区成立管理总部的方式，例如华润集团，就是双总部形态。多总部式一定带来很多变化，如各个总部的定位、总部之间的协调、各自的汇报关系、业务的分派，和单一总部完全不一样。

2. 长子代父式

如中国邮政集团，旗下有三大业务板块：邮政、金融、快递，集团总部则设在开展最早的邮政业务上，来管理其他两个业务板块。

3. 虚拟总部式

指不设立实体集团总部，如某集团旗下 20 家子公司，涉及的合同及法律事务由其中一家代为签署，各个公司费用平摊。也可以在民政局注册一个社团法人作为集团总部，未必设立有法人主体的集团总部。

此外，总部定位还有价值创造型总部、一体化强势总部两种新型定位方式。其中，价值创造型总部其总部创造价值的关键是进行合理的功能定位，总部形成过程、组织结构、管理风格对总部的功能定位有至关重要的影响，进而影响公司整体价值。企业总部的形成过程会对其功能定位产生实质性影响，其功能定位必须适应转型期的中国市场。

很多央企之前都提出一体化强势总部概念，如国家电网的“三集五大”，南方电网的集约化管理等，但总部管理方式没有好坏对错，只有是否适合，无论总部是否需要打造成强势总部，最终都是要成为价值创造型总部。

（二）不同管控模式下的总部定位

不同的管控模式下，集团总部功能定位侧重点是不一样的。由于集分权程度不同，集团企业总部形成了四种管控模式：财务管控型、战略设计型、战略经营型、运营管控型。

财务管控型模式下，各个单元在决策上绝对独立，拥有独自的战略、计划、财务部门，价值链上从研发采购到销售的操作自行运作，信息技术、质检以及人力资源方面的问题由各单元决定。这种管控模式的目标是不区分业务领域的收益最大化，注重资金的回收和企业的高质量。

战略设计型管控模式下，总部对策略、运营计划以及财务进行管理，价值链上从研发采购到销售的操作自行运作，信息技术、质检以及人力资源方面的问题由各单元决定。

战略控制型管控模式下，总部对策略、运营计划以及财务进行管理，价值链上的采购、研发、制造和销售各单元自己有一定的操作权，决策由总部进行协调管理，各单元拥有质检、IT、人力资源部门，总部有相应的部门进行监控。战略设计型和战略控制型的目标是战略资源的优化配置，进行协调的管理和快速反应，以及培育经营者队伍。

运营管控型模式下，各业务单元没有决策权，对于总部有绝对的依赖，总部在三个层次（战略-计划-财务、供应链、组织结构）上均直接控制。这种管理模式的目标是所有企业操作效果最大化，操作控制、功能和业务领域优化以及市场份额的增长。四种管控模式下集团总部的具体功能如图 4－4 所示。

管控模式不同，集团的功能定位也就不尽相同，即使管控模式相同，由于各自具体情况不同，总部功能定位的侧重点也是不一样的。图 4－5 是为一家集团企业提供的咨询案例，它的总部功能定位就是根据其自身的具体情况设计的。该企业总部组织设计中着重强化的是其战略控制和投资管理职能。因此，总部功能定位应该根据管控模式和企业的具体情况而定。

三、总部去中心化定位新趋势

近年来，海尔集团、复星实业、万科集团等一些大型集团企业总部呈现去中心化定位新趋势。

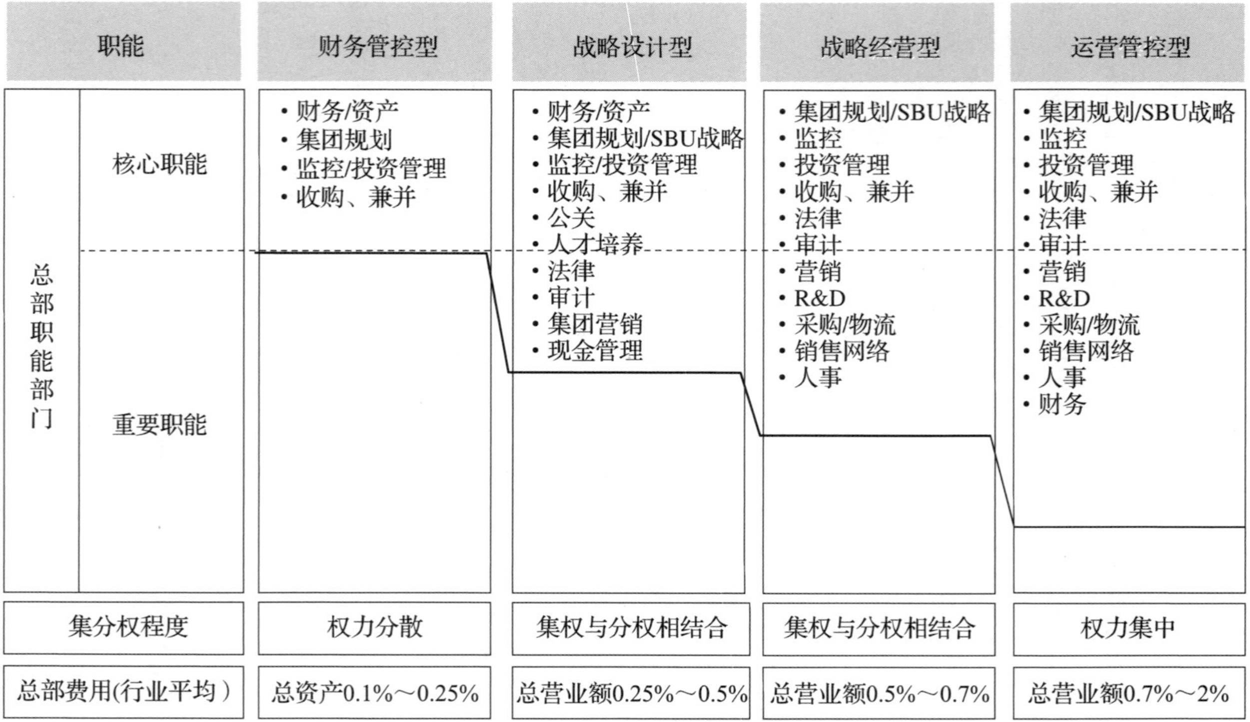

图 4–4　不同管理模式下的集团总部定位

资料来源：仁达方略数据库。

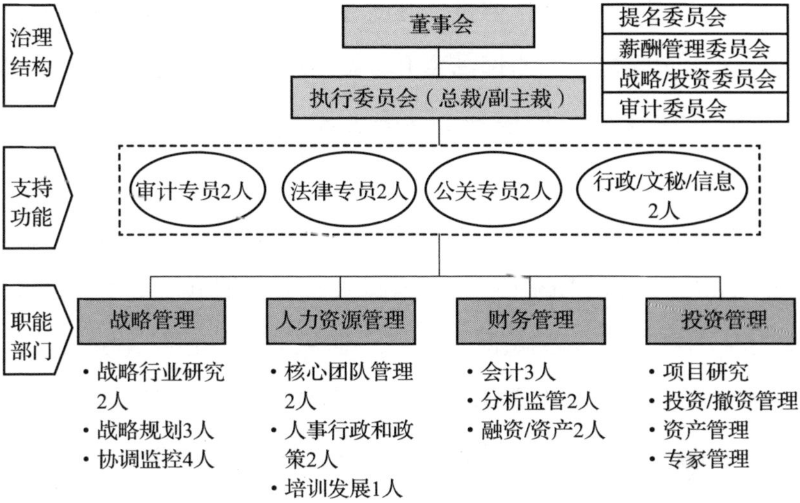

图 4-5　某民营集团企业的总部职能定位

资料来源：仁达方略数据库。

从世界一流企业集团发展路径来看，强大的总部功能、扁平化的管理、整体效应的发挥、品牌形象的彰显是集团化公司发展的必由之路。世界一流企业的管理优势更多体现在总部的集团化运作水平、优化的组织结构、先进的管理理念和优秀的企业文化上。

同世界一流企业相比，中国企业在管理方式上需要进一步提升总部的管理能力，尤其是在公司整体战略的指导下，通过战略结构优化，实现资源的优化配置，保持公司的可持续发展。

在组织方式上，组织体系要更加扁平，才能进一步做到企业层级少，管理人员精简，管理费用集约，管理效率高，才能确保各项管理要求都能够实现及时到位。

在管理理念方面，要进一步形成与市场机制相融合、与公司差异化发展相统一的理念文化。要通过对员工能力、创新精神、团队协作精神的培养，增强公司整体实力，实现可持续发展。

目前，随着经济全球化的进一步深入，具有一定竞争优势的国有企业实施“走出去”战略越来越必要且可行，也对集团管控能力提出了全新挑战。其中，中央大型企业在进军海外市场时，其遥居国内的集团总部将面临更为复杂和独特的挑战，如其业务和集团的空间距离更为漫长；集团的业务构成和经营风险也更为严峻和复杂。更为重要的是，与金融、旅游、贸易等行业主要为当地或国内中资企业服务不同，企业的海外业务是完全市场化的，为当地企业或政府服务。因此，央企海外市场战略战术，比大多数行业能更深刻地实现市场化与国际化。

大型企业总部一般不面向顾客，不对下属公司利润负责，但是增加成本的管理层级。因此，总部创造价值的前提和关键是合理的功能定位。公司总部有制定公司战略、分配资源和控制不同经营单位活动的功能。进一步讲，公司总部的功能可以上升到企业家的功能或价值创造功能及行政性的或防止价值破坏功能。

1. 集团总部职能需要新思维

集团总部创造价值的关键是进行合理的功能定位。形成过程、组织结构、管理风格对总部的功能定位有至关重要的影响，进而影响公司整体价值。企业总部的形成过程会对其功能定位产生实质性影响，其功能定位必须适应转型期的中国市场。

通过对央企的实例研究发现，总部功能定位分要素管理、业务管理、考核监督等三个方面。

要素管理是公司总部最重要的功能，发挥总部投融资决策中心、资源配置中心的作用；业务管理是指公司总部对公司各业务板块重大事项的战略决策以及有效协调，指导子公司创造更大的价值和整体竞争优势，发挥战略控制中心、价值服务中心的作用；考核监督主要包括公司总部对子公司的各项工作及业绩进行考核和奖罚，发挥财务管理中心、绩效评价中心的作用。

在信息化时代、颠覆性创新商业环境下，大型企业总部功能定位必然要加入新的元素，对总部引入创新驱动的需求也提出新的要求，尤其是总部在发挥战略控制作用时，如何激发创新成为时代的必然要求。大型企业总部还要具备驱动创新的功能。当总部的战略决策功能与驱动创新功能相背离时，市场给出的答案往往并不乐观。

2. 六大功能下的创新生态系统

在越来越强调开放和共赢的互联网时代，寻求创新之路是发展的硬道理。

在大型央企集团，创新的驱动力往往来自集团总部。因而驱动创新应纳入集团总部的功能定位之一，并与原有的总部六大功能相互促进。例如，集团总部具有资源优化配置的功能，在资源配置上要考量对驱动创新的作用；集团总部的战略管理功能更要将创新思维纳入其中；集团总部的业绩管理功能理应以如何驱动创新力为标准。

创新是企业长期发展的原动力，没有创新的企业一定会在激烈的竞争中落后，没有创新的企业也定会被市场淘汰。处于现代商业环境中的企业均已意识到这一点，对于大型企业集团而言，创新的驱动力更要贯穿于原有的总部六大功能定位之中，创新的实现与总部投融资决策中心、资源配置中心、战略控制中心、价值服务中心、财务管理中心、绩效评价中心紧密联系在一起。有驱动创新的思维，总部的功能价值也将更好体现。当创新贯穿于总部六大功能定位后，则更有利于六大功能的发挥，在企业内搭建创新生态系统。

四、总部对下属单位的管控

集团的下属单位一般包括事业部、控股子公司和参股公司，下面将着重阐述集团总部如何通过组织结构设计来管控这些下属单位。

（一）对事业部的管控

前面我们已经提到了事业部这种组织结构类型，图 4－6 说明了事业部的组织结构和主要特征。

事业部主要特征包括：

● 集团把相关的下属业务单位划归为同一事业部，实现管理资源共享；

- 集团可有重点直接或非直接参与下属企业具体经营运作。

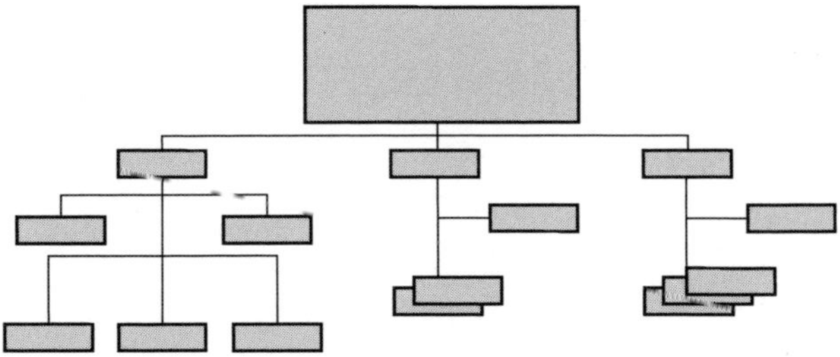

图 4-6　事业部的组织结构和主要特征

可见，集团对事业部的控制一般较为直接，这保证了事业部的高效运作和资源共享。集团对事业部的管控较为简单，从组织结构设计中也可以看出来，这也正是事业部制的优势之一。

从图 4-7 中可以看出，集团对事业部的管控十分直接，类似于直线式的职能结构，事业部相当于一个业务部门，只是其规模要庞大得多。

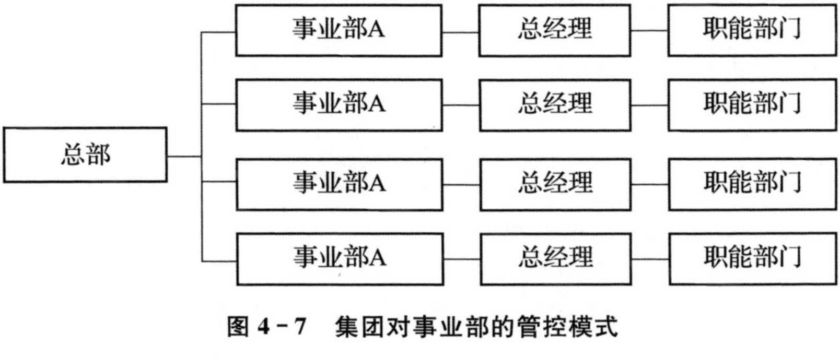

图 4-7　集团对事业部的管控模式

（二）对控股子公司的管控

1. 相关概念

在研究对控股子公司的管控之前，我们首先来看一下控股公司的概念和基本特点。

“控股公司”的概念：

一个公司持有其他公司的股份，并掌握其控制权，则该公司称为控股公司。

“控股公司”的基本特点：

● 以全资拥有或部分投资的方式，保留对子公司足够的控制权，以实现对子公司的有效控制。

● 控股公司控制下的各个子公司，在法律上都是独立的经济实体，它们同控股公司在经济责任上完全独立，相互间无连带责任。因此，控股公司中各企业的风险责任不会相互转嫁。

● 控股公司下各子公司为独立法人，需分别进行会计核算，并各自申报纳税。

在了解了控股公司的概念和特点之后，我们再来看一下集团控股子公司的结构和主要特征，如图 4－8 所示。

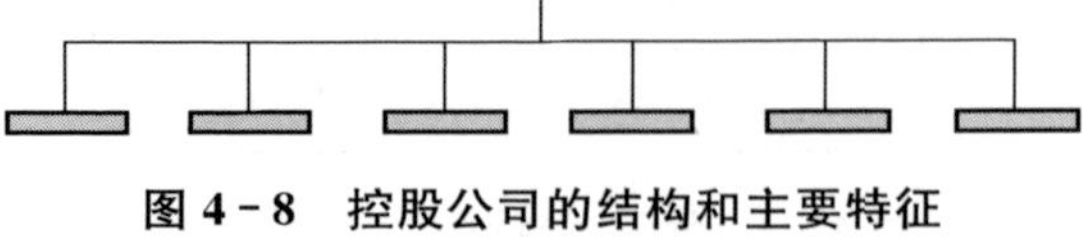

图 4－8　控股公司的结构和主要特征

可见，控股子公司是独立的法人实体，集团对其只能是间接控制。

2. 集团对控股子公司的管理

集团对控股子公司的管理主要是通过持有子公司的相对控股的股份而取得子公司董事会的控制地位来实现的，具体的管控模式如图 4-9 所示。

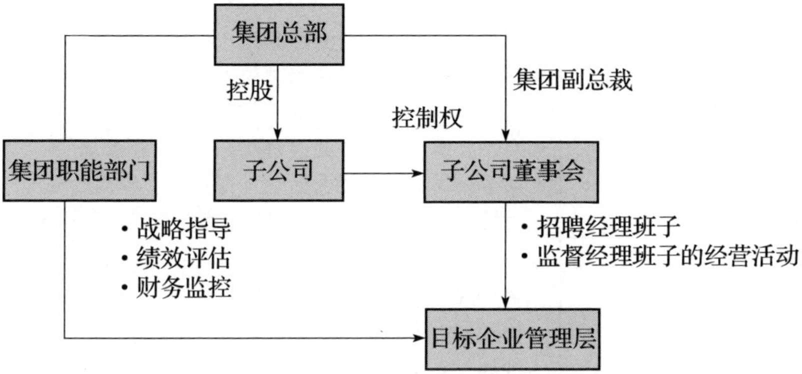

图 4-9 集团对控股子公司的管控模式

资料来源：仁达方略数据库。

从图 4-9 中可以看出，子公司的控制权在董事会，集团总部只能通过控制董事会来间接地控制子公司。由于集团总部对子公司有控股权，因此可以直接派出执行董事来控制子公司的董事会，从而达到控制子公司的目的。也正是由于集团对子公司有控股权，可以间接地对子公司进行管控，因此集团总部的职能部门可以对目标企业的管理层进行指导和监督。

可见，集团总部对控股子公司的管控程度虽然不如对事业部的管控程度强，但是仍然可以间接地实现对控股子公司的控制。

3. 集团总部的管理职责

集团总部对控股子公司的管理职责主要体现在以下几方面，如表 4－1 所示。

表 4－1　集团总部对控股子公司的管理职责

职责	具体内容
投资管理	● 对子公司在本行业的投资提出建议 ● 参与子公司与本行业相关的招商引资及对外投资项目 ● 对子公司在本行业的重大投资项目进行管理 ● 对子公司建设性投资活动进行管理，包括投资可行性论证、立项审批、项目过程监督及项目评价
计划与预算管理	● 对子公司行业进行调查研究，组织制定中长期业务发展规划 ● 组织制定子公司年度经营计划（营销计划、生产计划、科研与新业务开发计划、投资计划等），并对计划执行情况进行跟踪监控 ● 制定下属子公司年度、季度预算，并对预算执行情况进行监控和分析 ● 制定下属子公司经营业绩考核办法，制定子公司绩效考核指标，并对子公司经营业绩进行考核
重大合同管理	● 对下属子公司固定资产购置合同进行管理
经营分析	● 子公司经营者的考核和任免

（三）对参股公司的管控

1. 参股公司的主要特征

参股公司的结构和主要特征如图 4－10 所示。

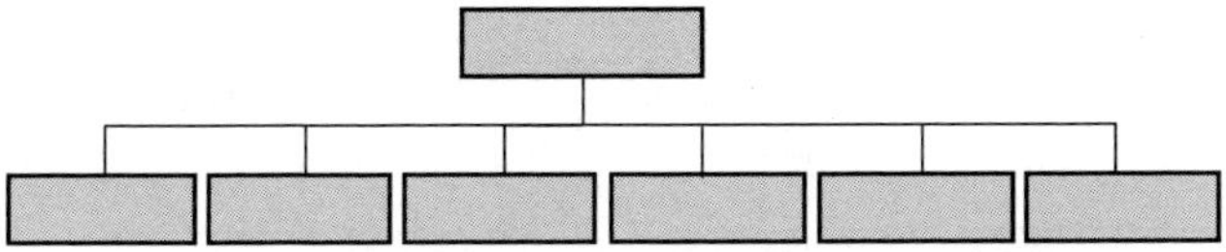

图 4-10　参股公司的结构和主要特征

集团参股公司的结构和控股公司的结构是相同的，参股公司同样是独立的法人实体，不同的是集团无法对其进行完全掌控。

2. 集团对参股公司的管控模式

集团企业对参股公司的管理主要是通过持有子公司的股份而取得子公司董事会的席位实现的，如图 4-11 所示。

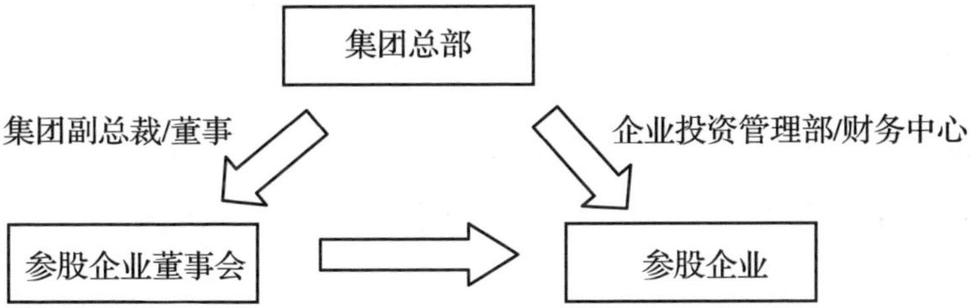

图 4-11　集团对参股公司的管理途径

集团对参股公司的具体管控模式如图 4-12 所示。

可见，对于集团参股公司，集团总部无法实现对其完全控制，只能会同其他股东参与管控。由于集团没有取得控股地位，在董事会中只有表决权，这种表决权只能对参股公司决策产生影响。集团总部职能部门也无法直接管理目标企业管理层，集团对参股公司管控程度比控股公司弱。

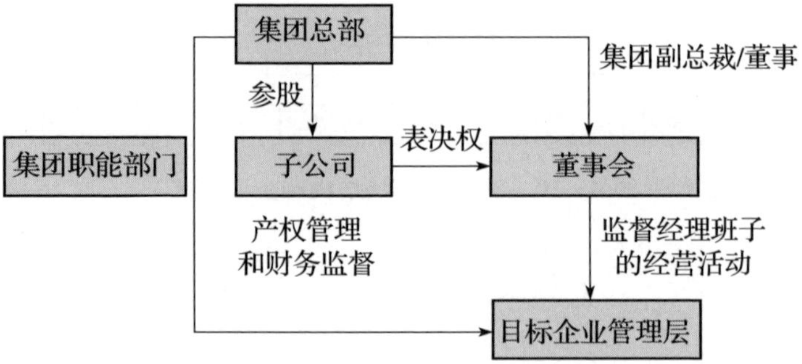

图 4－12 集团对参股公司的管控模式

资料来源：仁达方略数据库。

五、总部定位案例

1. 中国电建战略控制型总部定位

中国电建的总部采取战略管控型的管理风格（见图 4－13），既进行战略的部署与计划，又对子公司实施财务方面的控制。在战略规划方面，围绕事关公司发展全局的方向性、根本性问题，编制企业发展规划，提出企业愿景、中长期战略定位和战

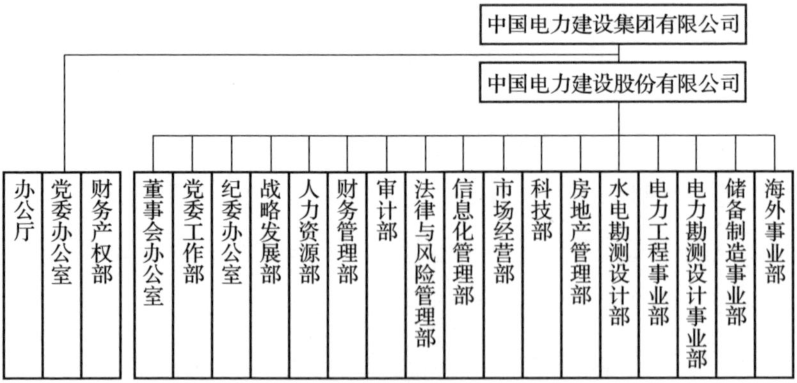

图 4－13 中国电力建设集团有限公司总部功能定位

略目标，为公司决策提供了重要依据；在投融资方面，进一步规范投资行为、防范投融资风险，严格资本预算管理，加强公司内外资金筹集，有效供给和集中管理，以实现投融资活动有序有效开展。

2. 中粮集团总部定位

中粮集团按照“小总部，大产业”的原则，把资本经营与资产管理经营分开，压缩管理层级至三级，形成定位清晰、职责明确的“集团总部资本层—专业化公司资产层—生产单位执行层”三级结构；瘦身健体，优化精简集团总部，做实专业化公司（平台），总部下放资产经营调度权，直接管理专业化公司（平台），实现集团总部向管资本的转型。

中粮将总部职能部门从 13 个压缩到 7 个，人员从 610 人调整至 240 人之内，做实资产层和生产层。

同时，将用人权、资产配置权、生产和研发创新权、考核评价权及薪酬分配权五大类关键权力下放给专业化公司（平台），总部主要通过派驻专职董事、监事行使股东权力，不直接干预企业经营决策和业务运营。

3. 淮南矿业集团总部定位

2018 年淮南矿业推进企业整体改制上市、组织管控模式调整、人力资源薪酬改革三项重大改革，加快从规模发展向高质量发展的转型。

淮南矿业集团总部着力构建战略管控型总部，突出战略管理、投资管理、业绩管理、预算管理、财务管理、人力资源管理、资本运作、风险防控、公共关系、思想文化建设等 10 项核心职能。

总部职能按照“引领、服务、监督”三大体系，定位于“一个核心，四个中心”（见图 4－14），即战略引领核心，服务支撑中心、监督管理中心、资源配置中心、资本运作中心。

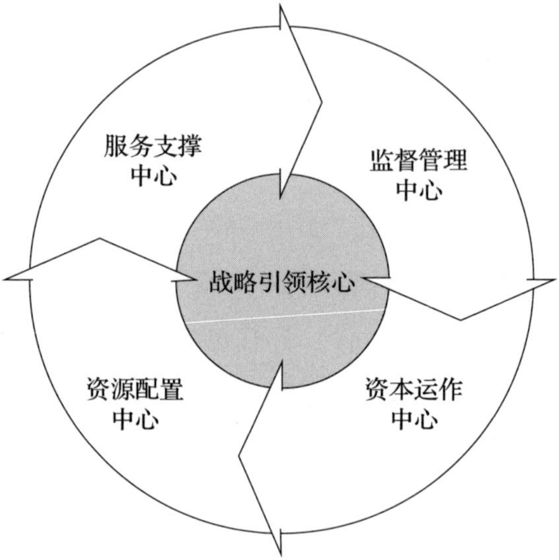

图 4－14　淮南矿业总部定位

战略引领核心重点围绕发展什么、怎么发展问题，加强行业研究、战略规划和资源盘点，充分发挥集团总部的战略引领作用，落实“一轴两翼、四大基地”战略布局。

服务支撑中心在衔接政府、投资者关系、财务核算、税费筹划、内部人力资源市场、信息化建设等方面，为二级公司提供公共服务。

监督管理中心聚焦资金、财务、法律、安全、环保等重点领域，建立风险防控体系，超前识别、评估和控制各类风险，提高依法治企、依制管理水平。

资源配置中心全面盘点、用好企业内外部各类资源，围绕企业发展战略和阶段性发展重点，加强和改进全面预算管理，确保资源配置最优化、效益最大化。

资本运作中心根据企业发展战略安排，做好资金筹措和投资并购。

4. 中国建筑总部定位

中国建筑集团有限公司集团管控模式的转变，背后是集团战略的转型升级，总部职能建设围绕战略和管控推进需要深化建设，为强化总部在引领、服务和监管（3S）三个方面的职能，在管控能力建设方面重点强化了以下工作：

（1）强化总部作为“方向盘”的引领作用。通过制定集团愿景和战略，制定各职能的政策、标准和流程，进行业务组合管理与并购、资源分配，实施子公司业务经营目标和业绩管理、集团整体业绩管理、文化建设和品牌管理，确保一致性和专业性，减少重复投入，实现管理上的协同性，使得资源配置、技能转移和战略扩张更加有效，提升整体价值。

（2）强化总部“加油站”的服务作用。依托总部建设集中的业务后台服务（如集中采购）、集中的职能服务和集中的专业服务（如信息系统开发与维护、数据分析等），为子公司提供高效、专业和低成本的集中服务，带来服务的规模效应，降低成本。

（3）强化总部作为“红绿灯”的监督作用。监督子公司对集团政策的贯彻情况，监督子公司运营的合规性，规定全面风险政策并监督实施，确保战略的执行和风险的控制。通过推进“3S”管理，实现“品质保障、价值创造”的总部管控目标。

第三节　组织结构：集团战略的有效载体

组织结构是组织的框架，框架是否合理完善，很大程度上决定了组织目标能否顺利实现。

在我国，很多集团企业在组织结构设计方面或多或少存在缺陷及问题。一是现有的组织结构不符合现代组织运行的模式；二是组织结构不能成为战略的有效载体；三是法人治理结构不健全，许多国有企业建立现代企业制度的核心存在不确定性；四是部门设置分散，职能交叉。这些组织结构设计中存在的问题在现实中经常出现，未能得到足够重视。

一、组织结构的主要类型

由于组织内外部环境不同，组织结构类型也不尽相同。一般来说，组织结构形式有以下几种：直线型、职能型、事业部制、子公司制、矩阵型及混合型。

（一）直线型组织结构

1. 直线型组织结构的定义

直线型组织结构是最早使用也是最为简单的一种组织结构类型，也称单线型组织结构。顾名思义，直线型组织结构指职权从组织上层流向组织的基层。它是一种集权式的组织结构，要求决策层有强有力的直接指挥能力（见图 4－15）。

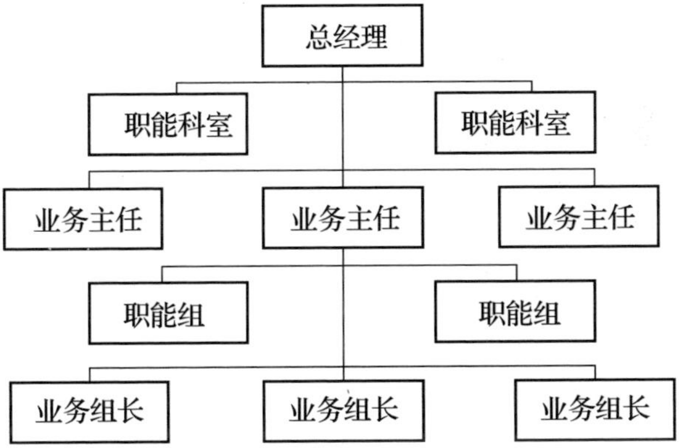

图 4－15　直线型组织结构示意图

这种类型的组织结构的特点是：每个主管人员对其直接下属有直接职权；主管人员在其管辖的范围内有绝对的职权或完全的职权；每个人只能向一位直接上级报告。

这种类型的组织结构一般只适用于那些没有必要按职能实行专业化管理的小型组织或现场作业管理。

2. 直线型组织结构的优缺点

直线型组织结构的优点如下：

● 管理权力高度集中，便于最高领导层对整个企业实施严格的控制。

● 由于按职能划分部门，职责容易明确规定。

● 部门间联系长期不变，整个组织系统有较高的稳定性。

● 有利于管理人员重视并熟练掌握本职工作的技能，强化专业管理，提高工作效率。

直线型组织结构的缺点如下：

● 企业高层领导的工作负担繁重，在经营品种较多时容易顾此失彼。

● 高度的专业化分工使各职能部门眼界狭窄，横向协调比较困难。

● 妨碍部门间的信息沟通，不能对外部环境的变化及时反应，适应性较差。

● 不利于培养素质全面的管理人才。

（二）职能型组织结构

1. 职能型组织结构的定义

职能型组织结构也称为多线型组织结构，它是一种根据职能分工来设置部门的一种组织结构类型。如图 4－16 所示。

这种组织结构类型的特点是：采用按职能分工实行专业化的管理办法来代替直线型的全能管理者。在实际工作中，事实上不存在纯粹的职能型组织结构。

2. 职能型组织结构的优缺点

职能型组织结构的优点是：具有适应管理工作分工较细的

特点，能充分发挥职能机构的专业管理作用；由于吸收专家参与管理，减轻了上层主管人员的负担，他们有可能集中精力履行自己的职责。

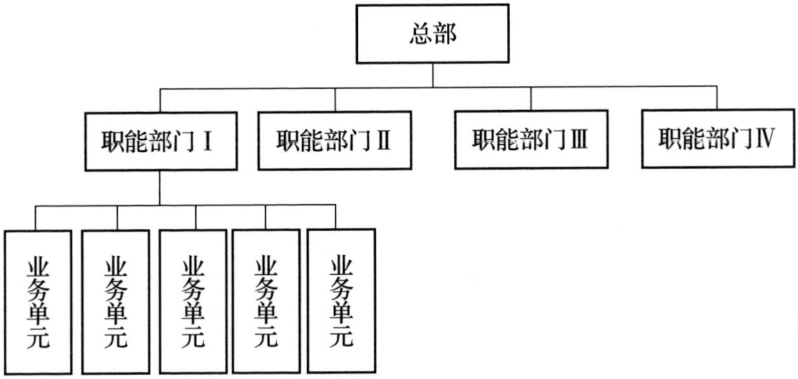

图 4-16　职能型组织结构示意

职能型组织结构的缺点是：由于实行多头领导，妨碍了组织的统一指挥，易造成管理混乱，不利于明确划分职责与职权；各职能机构往往不能很好地配合，横向联系差；在科技迅速发展、经济联系日益复杂的情况下，对环境发展变化的适应性差；强调专业化，使主管人员忽略了本专业以外的知识，不利于培养上层管理者。

（三）事业部制组织结构

1. 事业部制组织结构的定义

事业部制结构（如图 4-17 所示）是对直线职能制的一种分权形式，总部要有较高的控制和协调能力。事业部制组织结构管理原则是集中政策、分散经营，即在集中领导下进行分权管理。

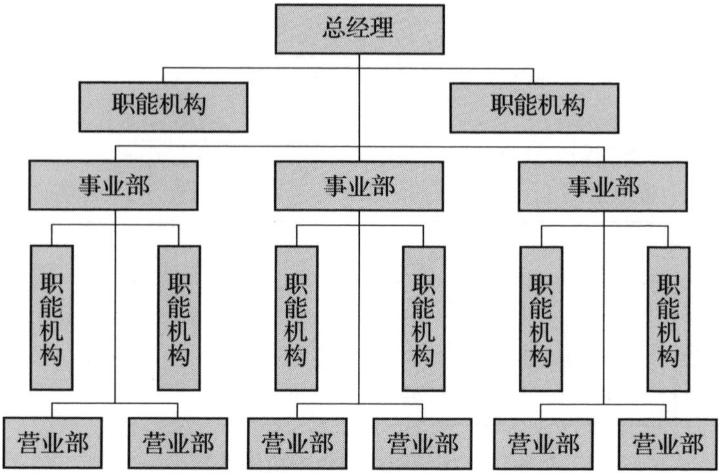

图 4－17　事业部制组织结构示意

在事业部制组织结构下，企业按产品、地区或经营部门分别成立若干个事业部。该项产品或地区的全部业务，从产品设计到产品销售，全部由事业部负责。各事业部实行独立经营、单独核算。高层管理者只保留人事决策、财务控制、规定价格幅度以及监督等权力，并利用利润等指标对事业部进行控制。事业部的经理根据企业最高领导的指示开展工作，统一领导其所管辖的事业部。

事业部制组织结构是由美国的艾尔弗雷德·斯隆在 20 世纪 20 年代初担任美国通用汽车公司副总经理时研究和设计出来的，故也称为斯隆模型。这种类型的组织结构适合大型的或跨国的企业集团。

2. 事业部制组织结构的两种常见类型

事业部制组织结构一般按照产品或地区设置事业部，因此事业部制组织结构有如下两种类型：

类型 1：产品/服务组织结构。产品/服务组织结构是按照产品或服务来设置事业部的一种组织结构，如图 4－18 所示。

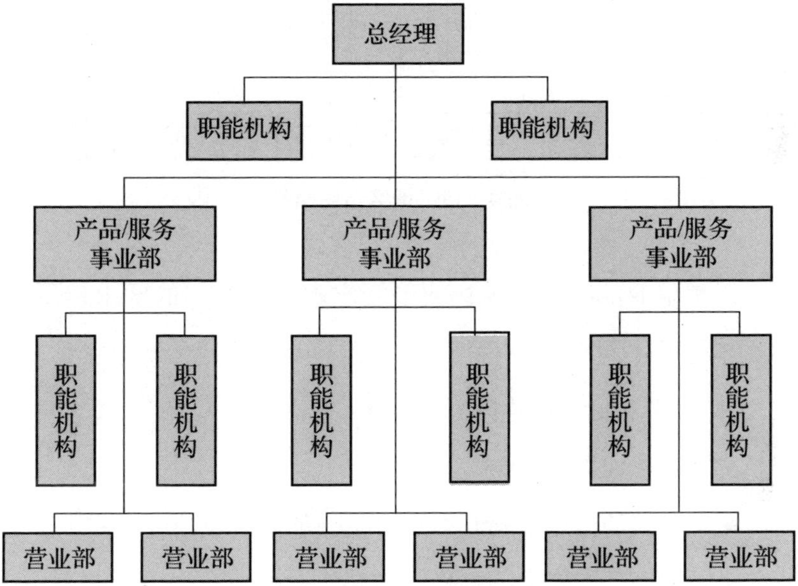

图 4－18　产品/服务组织结构

这类事业部制组织结构有利于产品线内的集中发展，但产品线之间的协调难度较大。

类型 2：地区组织结构。地区组织结构就是指按照地区来设置事业部的一种事业部制组织结构类型，如图 4－19 所示。

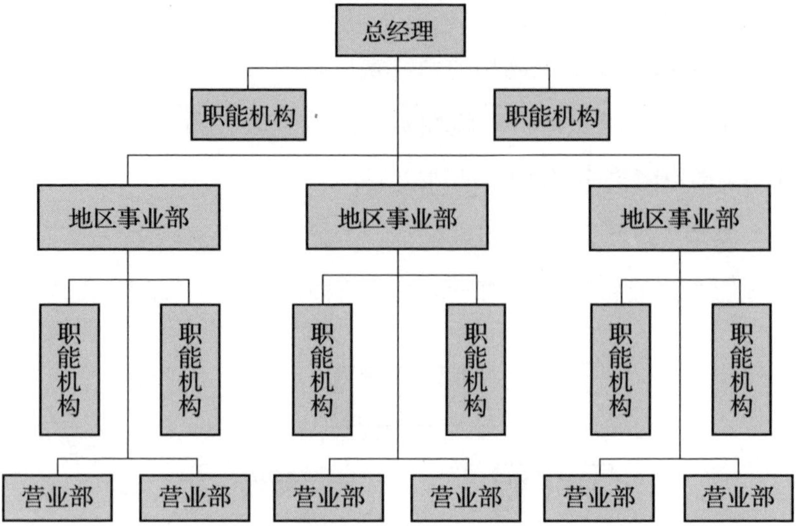

图 4-19　地区组织结构

这类事业部制组织结构便于回应本地区客户的要求，便于协调本地区不同部门之间的工作，但容易产生地区本位主义。

3. 事业部制组织结构的优缺点

事业部制组织结构的优点如下：

- 有明确的市场目标和客户对象，能准确反映客户需求。
- 对市场有高度的稳定性和良好的适应性。
- 有利于最高领导摆脱日常行政事务，发挥各事业部的积极性和创造性，提高企业的整体效益。
- 有利于培养全面管理人才，为企业未来发展储备干部。
- 便于衡量考核事业部经理的工作绩效，指导企业发展的战略决策。

● 能够有效地进行目标管理。

事业部制组织结构的缺点如下：

● 各事业部自主经营、独立核算，考虑问题往往从本部门出发，忽视整个企业的利益，影响事业部间的协作。

● 各个事业部都需要设置一套职能结构，因而用人较多、费用较高；在企业规模较小时，难以实现职能设置的规模效益。

（四）子公司制组织结构

1. 子公司制组织结构的定义

子公司制组织结构是一种较事业部制组织结构更为彻底的分权形式；子公司与事业部不同，在法律上是具有法人地位的企业；母公司和子公司之间严格地说不是行政上的隶属关系，而是资产上的联结关系。子公司制组织结构如图 4－20 所示。

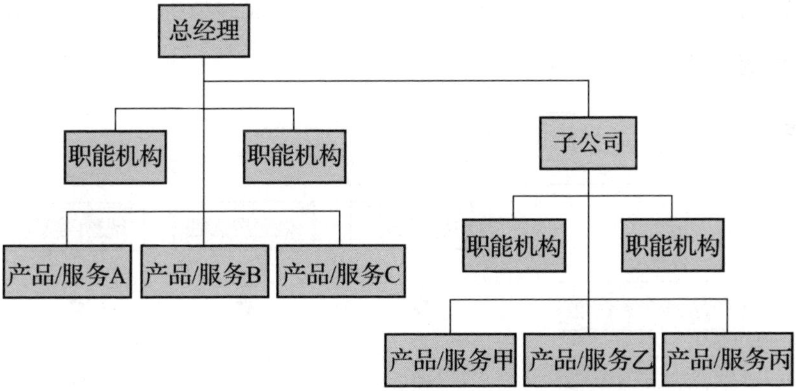

图 4－20　子公司制组织结构示意

这种类型组织结构的特点是，子公司拥有较大的经营自主权，对母公司的管理水平要求较高。

2. 子公司组织结构优缺点

子公司组织结构优点是：母公司无须承担子公司的债务责任，相对降低了经营风险；子公司有较强的责任感和经营积极性。

子公司组织结构缺点是：母公司对子公司不能直接行使行政指挥权力，对子公司的控制必须通过股东会和董事会的决策来发挥其影响作用；母子公司各为独立纳税单位，相互间的经营往来及子公司的盈利所得需双重纳税。

（五）矩阵型组织结构

1. 矩阵型组织结构定义

矩阵型组织结构是指在组织结构上，既有按职能划分的垂直领导系统，又有按项目划分的横向领导系统的结构，如图 4 - 21 所示。

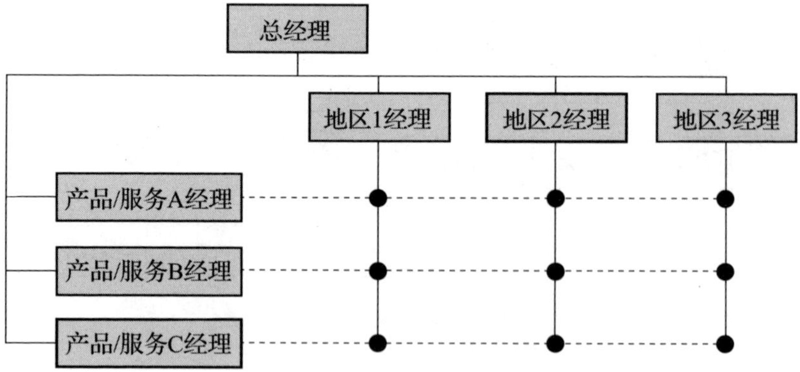

图 4 - 21　矩阵型组织结构

这种类型的组织结构比较适用于项目管理类的公司。例如，许多咨询公司都采取了这种类型的组织结构。

2. 矩阵型组织结构优缺点

矩阵型组织结构优点如下：

● 具有双重的职权等级关系，这是矩阵型组织的一大显著特征。

● 项目小组在矩阵结构中运作，能够保证资源得到更经济有效的利用，也能够给各类专业人员一个稳定且有共同语言的“家”。

● 将各类专业人员安置在其所在的业务部门中，然后根据地区任务的需要从各业务部门抽调有关人员组成项目小组，在工作进行之中，这些人员同时接受地区部门领导和项目小组领导的双重指挥。在工作完成之后，有关人员又各自回到自己所属的业务部门。

● 在矩阵型组织中，业务部门是每个人的“家”，项目小组则是他们的工作场所，从而将灵活性与稳定性结合在一起。

矩阵型组织结构缺点如下：

● 结构复杂、人员变动频繁，管理难度较大。

● 企业规模小，难以实现职能设置的规模效益。

● 员工专业化程度低，分工不细。

● 影响企业核心业务的发展。

（六）混合型组织结构

还有一种类型的组织结构是混合型组织结构，它将地区和产品组织结合在一起，公司内一部分部门以地区为主进行管理，一部分部门以产品/服务为主进行管理，如图 4－22 所示。

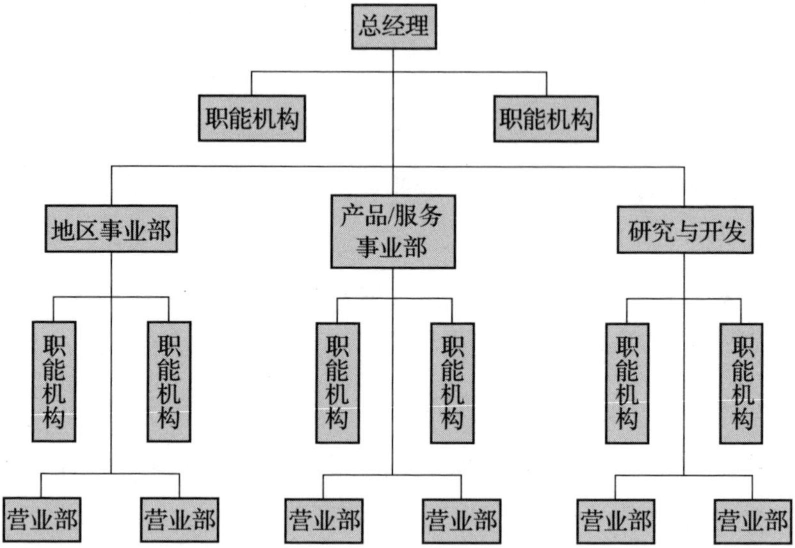

图 4－22　混合型组织结构

这种类型的组织结构一般适于规模庞大、业务种类和行业繁多的公司。这种类型的组织结构的优点是可以根据不同类型的业务的具体特点有针对性地设置组织结构，但是由于结构较为复杂，在管理上会有一定的难度。

综上，我们详细讨论了 6 种主要的组织结构类型，它们各有优缺点，表 4－2 进行了归纳总结。

表 4-2 主要组织结构类型的优缺点分析

组织结构类型	优点	缺点
直线型组织结构	管理权力高度集中，便于控制； 职责容易明确规定； 组织系统有较高的稳定性； 有利于强化专业管理，提高工作效率	企业高层领导的工作负担繁重，容易顾此失彼； 横向协调比较困难； 妨碍部门间的信息沟通，适应性较差； 不利于培养素质全面的管理人才
职能型组织结构	能充分发挥职能机构的专业管理作用，减轻了上层主管人员的负担，使他们有可能集中精力履行自己的职责	不利于明确划分职责与职权； 横向联系差； 对环境发展变化的适应性差，不利于培养上层管理者
事业部制组织结构	能准确反映客户需求； 对市场有高度的稳定性和良好的适应性； 有利于最高领导摆脱日常行政事务； 有利于培养全面管理人才； 便于衡量考核事业部经理的工作绩效，能够有效地进行目标管理	各事业部容易犯本位主义错误，影响事业部间的协作； 用人较多、费用较高； 难以实现职能设置的规模效益
子公司制组织结构	母公司无须承担子公司的债务责任，相对降低了经营风险； 子公司有较强的责任感和经营积极性	母公司对子公司的控制被削弱； 双重纳税
矩阵型组织结构	具有双重的职权等级关系； 能够保证资源得到更经济有效的利用，将灵活性与稳定性结合在一起	结构复杂、人员变动频繁，管理难度较大； 难以实现职能设置的规模效益； 员工专业化程度低，分工不细，影响企业核心业务的发展

续表

组织结构类型	优点	缺点
混合型组织结构	可以根据不同类型业务的具体特点有针对性地设置组织结构	由于结构较为复杂，在管理上会有一定的难度

二、战略和组织结构的关系

战略决定结构，结构传承战略，这一观点也是对钱德勒理论的发展。

从图 4-23 中可以看出，组织结构是发展战略的支撑，而战略决定了组织结构，为组织结构设置提供了依据。公司确定发展战略之后，就会有相应的各种业务组合来实现这个战略，而这些业务组合的实施则需要相应的组织结构作支撑。因此说战略决定结构，结构传承战略。

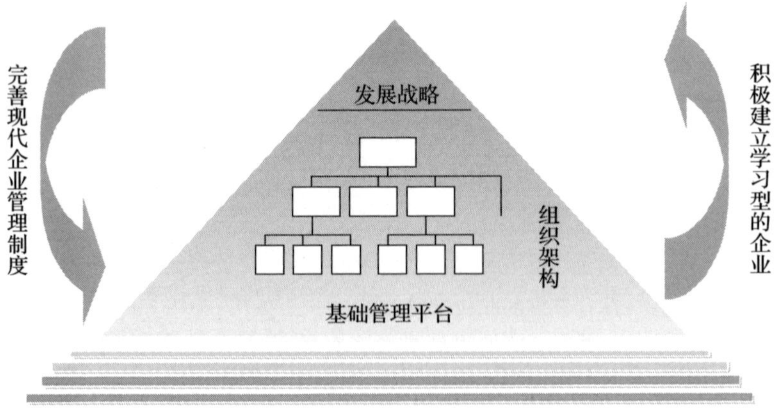

图 4-23 战略和组织结构的关系

资料来源：仁达方略数据库。

首先，不同的战略要求不同的业务活动，从而影响管理职务和部门的设计。具体地表现为战略收缩或扩张时企业业务单位或业务部门的增减，等等。例如，海尔集团以前主要生产家电，没有生产手机，当然也就没有相应的组织结构。但是，海尔集团看到了手机产业的巨额利润，从而决定进入手机生产和销售领域，因此建立了和手机业务相配套的组织结构。进军手机领域是海尔集团发生的战略变化，这一战略要求海尔的组织结构相应地发生变化，否则这一战略便无法实施。

其次，战略重点的改变会引起组织工作的重点改变，从而导致各部门与职务在企业中重要程度的改变，并最终导致各管理职务以及部门之间关系的相应调整。例如，英特尔最早是生产存储设备起家的，而当这一业务领域逐步演变为英特尔的弱项时，其战略重点便转移到中央处理器业务上，战略重点发生变化，英特尔的研发等部门的组织结构也随之发生了变化。

再次，战略决定了结构，反过来，组织结构对战略起传承作用。组织结构反映了资源是如何在内部优化配置和有效使用的，并在很大程度上决定了发展战略的实施和管理目标的实现。将企业的整体战略区划为若干战略实施活动单元，它们实际上就组成了组织结构调整的基本框架，这样在客观上保证了企业战略在企业中的首要地位。

三、业务组合的确定

业务组合的确定直接关系到组织结构的设置，它是“战略决定结构，结构传承战略”的具体化。

业务组合的确定一般需要根据市场吸引力和企业自身竞争力来鉴别关键和核心业务，以确保战略性的资源配置。如图 4－24 所示。

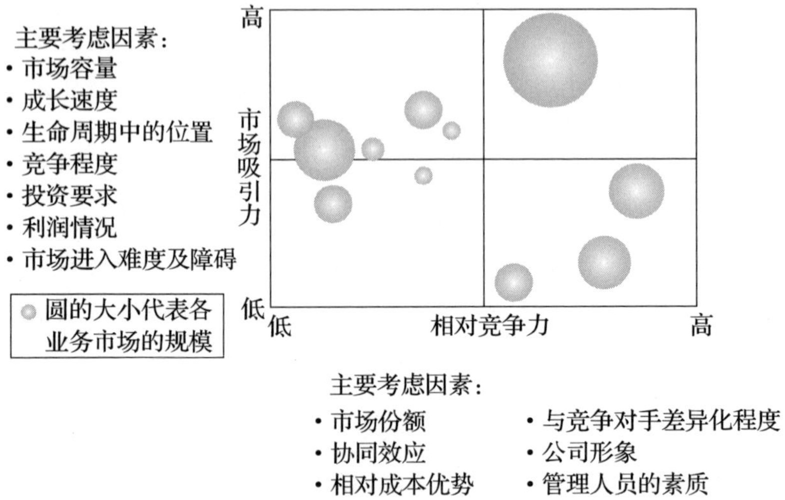

图 4－24　业务组合的确定

1. 市场吸引力

市场吸引力的大小主要考察以下几个因素，如表 4－3 所示。

表 4－3　企业市场吸引力主要考察因素

因素	含义
市场容量	某种产品市场总体容量的大小
成长速度	某种产品市场成长速度的快慢

续表

因素	含义
生命周期中的位置	某种产品在市场生命周期所处的阶段
竞争程度	某种产品市场竞争是否激烈
投资要求	某种产品市场培育对资金的要求
利润情况	进入某种产品市场所能获得的利润情况
进入难度及障碍	某种产品市场是否能够进入以及进入成本的大小

2. 相对竞争力

企业相对竞争力的大小主要考察以下几个因素，如表 4－4 所示。

表 4－4　企业相对竞争力主要考察因素

因素	含义
市场份额	企业在某种产品市场中所占的份额大小
协同效应	企业在各产品市场是否能够产生协同效应
相对成本优势	企业某种产品和其他企业相比是否具备成本优势
差异化程度	企业某种产品和竞争对手相比是否容易区分
公司形象	企业在消费者心目中的形象
管理人员的素质	和其他企业相比，企业管理人员的素质的高低

在确定了业务组合之后，针对不同业务群的战略特征，选择适用的不同类型的组织管理模式，可以实现集团不同的战略目标。如图 4－25 所示。

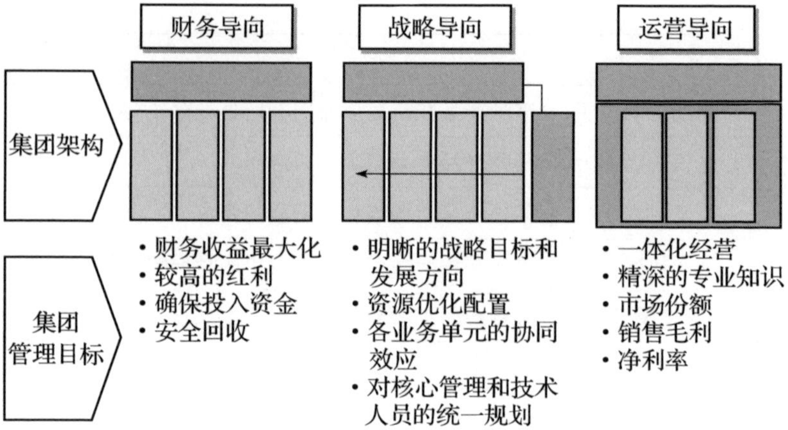

图 4－25　组织管理模式的适用

四、组织结构调整原则及关键点

图 4－26 总结了组织结构调整的 7 大原则和 8 大关键点。

五、集团组织结构的设计

集团组织结构设计必须考虑战略的要求，根据组织结构设计思路在一定原则指导下，分步骤有序进行，以保证集团企业组织结构设计的合理性和科学性。

1. 战略对组织设计的要求

战略对组织设计的要求一般体现在组织设置、运作模式、管理手段和控制手段几个方面，如图 4－27 所示。

2. 组织结构设计的原则

组织结构设计的一般原则如图 4－28 所示。

组织结构调整7大原则

1. 公司总部是战略导向型组织，其主要职责是把握长期战略，最大限度地优化资源配置和利用，引入和培训优秀的管理人才，制定有效的激励机制，督促和帮助下属业务单元提高经营业绩，为整个公司的发展不断创造条件
2. 集团下属业务单元主要是产权清晰、业务方向明确的法人企业，这些企业业务发展方向需符合集团发展愿景
3. 总部及业务经营单元之间权责划分明确
4. 总部必须有能力对核心活动（如品牌的创建及使用、业务布局与发展、运营网络建立、投资管理等）进行协调和监控
5. 总部需精干高效，并有灵活反应能力
6. 管理流程清晰简洁，管理幅度适当
7. 最大限度地避免行政管理行为及个人意志作用

组织结构调整8大关键点

战略适应性	在多大程度上该模式有助于实现战略目标
重组成功	重组的可实现性及难易程度
协同效应的实现	该模式是否适合实现协同效应
管理结构成本	在多大程度上该模式可以避免不必要的管理结构
汇报系统	该模式的汇报系统是否简洁
经营决策高效性	业务经营决策的渠道是否尽量短
激励潜力	下属企业的管理层在多大程度上获得激励
抵御风险	风险出现可能性是否较小 一旦遭遇风险，其严重性能否减到较小程度

图 4－26　组织结构调整的原则和关键点

资料来源：仁达方略数据库。

组织设置	－集团各产业有各自的产品和市场，要求有独立的组织运作体系 －对不同股权构成的子公司采取不同的组织管理模式
运作模式	－为了实现企业迅速扩张和高利润率的战略目标，要求保持精干、高效的组织设置 －组织结构设置需要适应资本运作和实业经营相结合的模式，以实现资产和市场份额的迅速扩张 －需要强化管理创新、企业整合和行业研究能力，通过模式移植迅速实现扩张
管理手段	－随着战略的实施，集团的管理将侧重于战略管理，来提高运作效率和适应更大的管理幅度 －由于各产业所处的高度变化的环境，各产业的企业在经营过程中要有一定的自主权
控制手段	－为实现集团的战略，集团应强调预算管理、预算控制、目标和利润管理，以此来实现集团最高层精力的有效转移，实现资本运作、发展新利润增长点等战略设想

图 4－27　战略对组织设计的要求

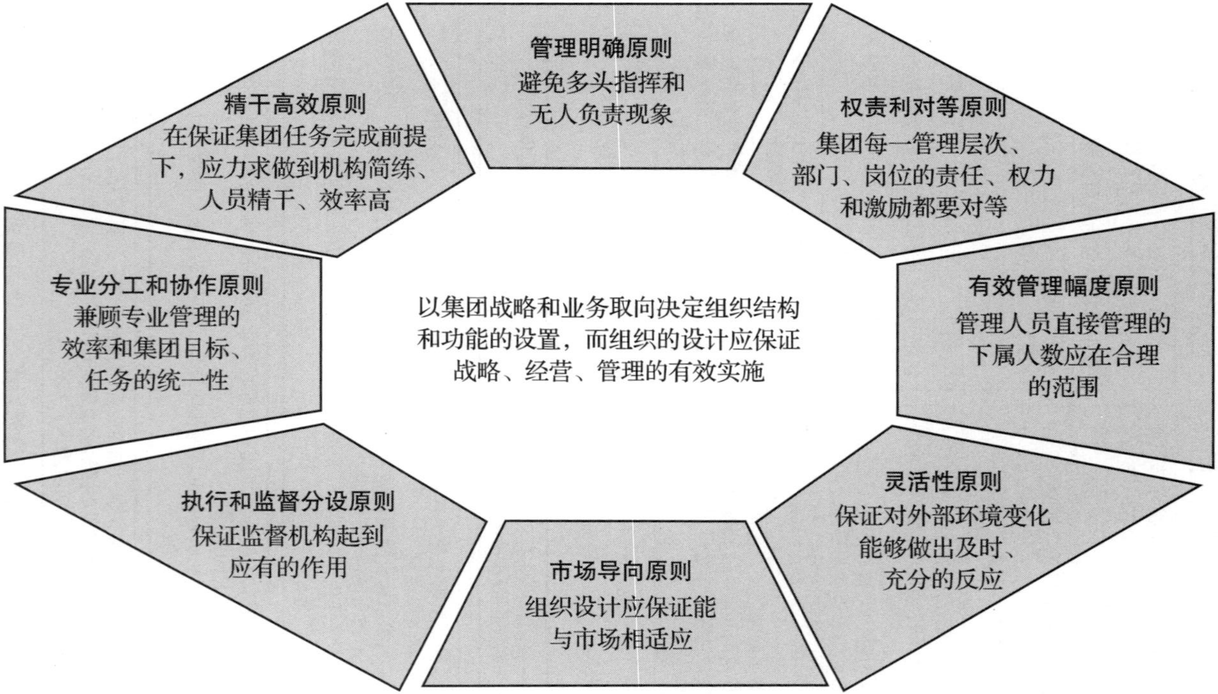

图 4–28　组织结构设计的一般原则

资料来源：仁达方略数据库。

组织结构的设计在以战略方向为指导的前提下，还要坚持精干高效、管理明确、权责利对等、专业分工和协作、执行和监督分设、市场导向、灵活性和有效管理幅度等原则。如果不能坚持这些原则，组织结构便无法满足战略的要求。

第四节　集团组织结构体系案例解析

一、组织调整不是战略失误的“救命草”

战略决定组织，组织传承战略，组织最重要的功能就是要为贯彻总体战略提供一个实施平台，有什么样的战略就需要相应的组织来实施，而不是组织决定战略。当组织与总体战略相匹配的时候，就会起保证和促进作用；反之就会起到阻碍和破坏作用。但是，当企业的战略方向发生了失误，即使通过组织调整来弥补，也很难解决由于战略失误带来的问题。

以海航为例，海航集团经历高速度、跨地区、跨行业的多元化，现如今产业已经远远超出了原有的航运业务，以兼并控股的方式成就“海航帝国”。目前，海航集团的产业版图已覆盖航空运输、旅游服务、机场管理、物流、酒店管理、金融服务、地产、商贸零售等多个产业，涵盖吃、穿、行、游、购、娱六大行业，拥有 100 多家成员公司，近 10 家上市公司。

多元化是集团企业扩张、壮大的路径之一，同时也是把双刃剑。具备实力后掌控得好、措施得力，扩张中步伐稳健，会实现不错的效益；反之，摊子铺得大，资金链断流、管控弱化、资源分配不合理等现象会层出不穷。目前，随着海航集团版图的不断扩张，行业与区域的条块协调管理已成为“海航帝国”迫切需要解决的问题。

摊子铺得越来越大的海航集团，已经开始通过内部组织结构的调整，建立多个跨产业板块的区域管理总部，加强对同一区域的不同板块业务的监督、协调和管理。此次组织管理模式调整的关键问题就是区域化管理能否解决产业多元化带来的专业化管理问题，区域化负责人能否实现独自掌控多个产业，能否横跨多个专业的管理领域，能否做到协调区域内多个产业的整合和协同。

海航集团涉足六大行业的多元化版图，美其名曰是多元化，但实质是混乱化。按照企业管理理论和经营实践，企业只有获得足够强烈的来自市场、品牌、技术等方面的协同效应，才可以开展多元化业务。并且要把业务种类和空间跨度约束在一定范围内，保证企业的基础设施、人力资源、市场渠道、品牌影响力等可以充分共享，即以充分相关为前提做多元化。

海航集团各个业务单元之间联系不是很紧密，区域化管理不能实现销售和供应网络的共享，管理者很难做到精通多个产业管理和运作，各产业间难以实现资源共享和战略协同，只是有益于区域公共关系和文化的共享。从本质上来说，海航集团的区域化管理组织调整，并不能实现其整合内部资源并获得各种外部资源的目标，其根本原因在于海航集团多元化战略的失误，其多元化铺的面太广，并且各产业之间的关联性也不强，很难实现产业的整合和协同。

此外，企业实行多元化扩张还需要以自身的管理能力为基础。这里的管理能力包括优秀的企业文化、高素质的管理人才、成熟的管理能力等。那些具有比较成熟的管理经验的企业，在以管理优势作为多元化扩张基础的时候，必须意识到曾经在一个行业、一个企业证明成功的管理经验，未必会在新的竞争环境、新的行业中行得通。海航集团设置的区域管理总部的负责人，是由这个区域重要板块的负责人兼任的，他可能在航空运输、机场管理、物流方面具有成功的管理经验，然而在旅游服务、酒店管理、金融服务、地产、商贸零售等其他产业的管理方面却是初生牛犊，管理经验缺乏，由此导致管理混乱是不可避免的。

花旗集团新任 CEO 潘迪特自上任之日起，就决定要打破花旗的“巨无霸”式结构，将花旗变成一个规模较小，但更谨慎、更有弹性的公司。2009 年，花旗集团宣布将公司分拆成花旗公司（Citicorp）和花旗控股（Citi Holdings）两部分，潘迪特将花旗集团的强势业务剥离出来。花旗公司集中了花旗的核心银行业务，而花旗控股则将花旗希望出售的部门集中在一起；此后，花旗将对冲基金部门卖给 SkyBridge Capital，把不良资产和非核心业务处理过半，将经营收缩到核心的银行业务上来。

花旗集团新战略的核心是将精力集中在传统强项上，而将赔钱的部门逐步卖掉或者关闭。花旗集团做“减法”的归核化战略是它妥善解决金融危机所做出的正确的战略抉择和组织调整。

由此可见，企业战略的实施必须有与其相适应的组织结构来支持，企业战略转变必须会引起其组织结构的变革。海航集团和花旗集团采取了截然相反的战略。花旗集团的归核化战略给企业带来了成功，而海航集团采取的无关多元化战略，虽然通过建立区域管理总部进行了组织调整，但也很难弥补战略失误带来的后果。

企业由于战略失误而带来的管理问题，不能通过组织调整来弥补和解决。总之一句话，组织调整不是战略失误的“救命草”。

二、创新型组织变革案例

以下介绍几个企业组织变革与创新的案例，它们是中国企业管理变革与创新的典型。①

1. 红领：源点论

中国服装行业基于互联网的创新有两个最典型的企业——红领和韩都衣舍，这两个企业率先在组织模式上做了创新。

红领经过这几年的创新，基于新的商业模式提出源点组织论。新的商业模式就是打造个性化、定制化的平台，从过去传统的“做了再卖”模式转变为现在的“卖了再做”模式。

---

① 彭剑锋．中国企业组织变革与模式创新的 8 个案例．https://www.sohu.com/a/222791756_777774.

过去主要是靠渠道，现在是客户直接对接工厂；过去有大量库存，现在没有库存，先交钱再生产，构建满足消费者的个性化需求。

以需求数据来记录，构建满足需求的直销平台，真正去中间商、去代理商、去渠道商，构建电商直销体系，同时既要满足消费者个性化需求，又要有相对高的性价比。

在这种条件下，红领提出具有生命特征的极致扁平化组织。这种扁平化组织的最核心思想就是源点论，源点论思想本质上是以需求为核心的组织管理理论。

现在大家谈组织创新的时候，都是以消费者需求为核心构建组织，红领的源点有两个：一个是战略，组织变革的方向不能背离公司的愿景、目标、核心价值观；一个是需求，组织变革要依据消费者需求去变。

也就是说，企业组织变革不能光谈客户需求，还要基于公司的愿景和核心价值观。两个源点共同平衡整个组织变革的发展方向，这是源点组织理论非常重大的一个创新。

源点论的组织变革的发展方向不是简单地满足消费者需求，而是全员要对应公司的整体目标，目标对应全员，内部高效协同，最终满足消费者的需求。

源点论的核心思想是"四去"——去领导化、去部门、去科层、去审批，使得整个组织走向简化，这是它很重要的"四去"。

源点论强调强组织、自组织。强组织是强调企业内部虽然没有领导，但是每个职能或者节点遇到新问题或者规范中没有涉及的流程时，不允许拍脑袋、找领导，而是当事人带着解决方案在内部发起会议，大家一起研讨怎么解决问题。

由相关职能岗位流程管控中心建立虚拟组织，一起参与研究、重新建立规范和标准，把结果固化到流程上，由自组织去执行，所以建标准、建规则是通过跨团队、跨职能的强组织，解决问题是靠自组织，这解决了统一性和个性化的问题。

2. 韩都衣舍：基于小组制的蚂蚁军团

韩都衣舍的组织模式主要是基于小组制的蚂蚁军团组织，这是创始人赵迎光说的改造版的阿米巴模式。韩都衣舍把企业内部划分成几百个“三人团”小组，称为蚂蚁军团。

韩都衣舍在2012—2016年实现互联网销售五连冠。这种组织模式的核心就是平台+小组制：一方面是企业向平台化转型；另一方面是企业内部建立几百个“三人团”小组。

大多数企业内部组织模式是基于流程建立串联的组织关系，韩都衣舍采用并联式组织模式，采用包产到户的方式，让每个品牌、每个款式都是一个相对独立并联的小组，每个小组都由3个人组成，包括产品设计师、页面详情设计以及库存订单管理三个核心岗位，资历和能力强的人兼任组长。

这种并联式的模式把公司变成一个平台，让所有的小组都在平台上像插件一样，去获取平台的资源支持，直接面对消费者。这种组织模式使得组织贴近消费者前端，几百个小组贴近消费者、满足消费者个性化的需求。

小组成员有明确的责任和利益分享，另外，几百个“三人团”小组在企业内部获得平台的支持，行政资源、生产、品牌运作、储运、供应链的支持，这时组织就变成一个赋能体系，为数百个“三人团”小组提供赋能。

这种模式的运行是靠数据驱动，韩都衣舍的组织结构图跟传统的组织结构图不一样，基本上是数据化的。而且，这种小组有自己的考核，并不是没有管理，这点跟红领不一样(红领完全没有领导，靠自动发起会议进行协同，临时组织领导)。

韩都衣舍每3～5个小组会产生一个主管，每3～5个主管会产生一个部门经理，还是有管理层级的，每个小组之间、部门之间的协调靠主管和部门经理来协同，把传统的组织模式跟新的组织模式融合在一起，内部有它的一套分成机制。

总的来讲，韩都衣舍的组织模式是内部平台化+无数个蚂蚁军团，贴近客户、贴近消费者的需求，小组在责权利上实现统一，不是淘汰人，而是更新迭代小组，每个小组不断在排名，今天是第一名，明天可能落到第三名，这就刺激了各个小组内部、团队之间必须你追我赶。同时，整个利益机制是透明的。

3. 海尔：指数型组织

关于海尔这几年的变革，虽然业界有很多不同的声音，但是张瑞敏提出的变革思想代表着未来管理变革的发展方向。全球比较时髦的一种组织是指数型组织，张瑞敏是最早在国内提出要将传统企业转型为指数型组织的（见图4-29）。

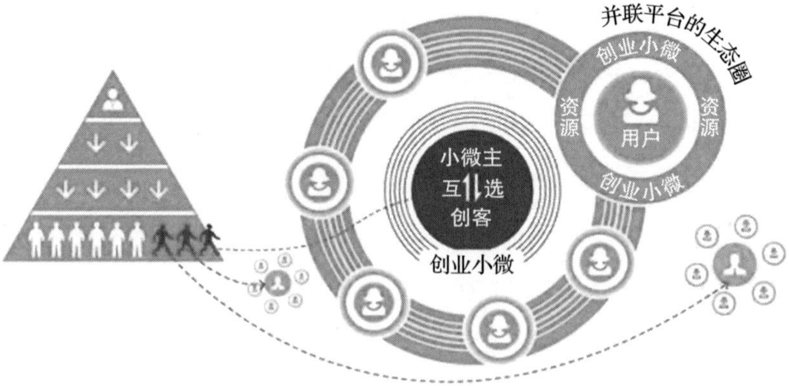

图 4－29 海尔的指数型组织

指数型组织就是企业通过组织的变革实现高速的成长，激发组织内部的活力，实现企业的弯道超车，让企业的产出跟同行相比，发生不成比例的大幅增长（至少 10 倍）的扩张型组织，激发组织内部创新活力，就是所谓的创客。

指数型组织有 11 个特征，包括内部的和外部的。这些特征遵循组织变革的发展方向，并围绕平台化、员工创客化、用户个性化三个最基本的方向去改造整个组织。

指数型组织的 11 个特征属性分别为：良好的界面；适应力强的实时仪盘表，进行绩效检测；新的产品开发通过实验快速迭代；员工高度的自治；借助社交技术实现员工之间的协同；随时随需随聘员工；大量组建社群，吸引消费者、吸引大众；每个人拥有自已独特的算法；用杠杆资本取代实体预算；让用户、粉丝参与到整个产品设计的过程中；激发组织内部的创新创业精神，真正开放，去满足消费者的个性化需求，让消费者一起参与。

4. 小米：平台型＋生态型组织

这几年，小米的平台型＋生态型组织倍受关注。小米经过六七年的探索，已经形成了独特的生态圈。

某种意义上，小米不再是简单做手机的企业，它现在形成的生态系统、生态圈是在连接客户，交互客户价值，通过连接和交互实现数倍的成长。

在这么一种生态型组织体系下，企业应该干什么，生态连接应该干什么，在企业和生态之间到底是一种什么样的交易关系，内部如何进行协同，内部的责权利关系如何进行划分等，都是全新的课题。

小米的模式核心就是以客户及技术为基础，通过产品和服务的方式构建一个全新的产业生态。所以，除了手机、电视由小米负责，其他产品都由小米投资，提供供应链、智能互联系统和品牌，但是生产、制造、设计都交给合作方负责。这样，小米就可以以较低的成本迅速扩展它的智能生态链，让消费者能够以较低的成本享受到相对优质的智能生态的硬件产品与服务。

这种生态型组织模式下，小米面临的最大问题是内部的任务市场如何开发、如何进行资源的共享、如何进行内部的责权利划分。

5. 京东：三大事业群结构变为前中后台

2018 年 12 月京东发布公告，调整组织结构：三大事业群结构变为前中后台（见图 4－30），所有负责人向轮值 CEO 徐雷汇报。

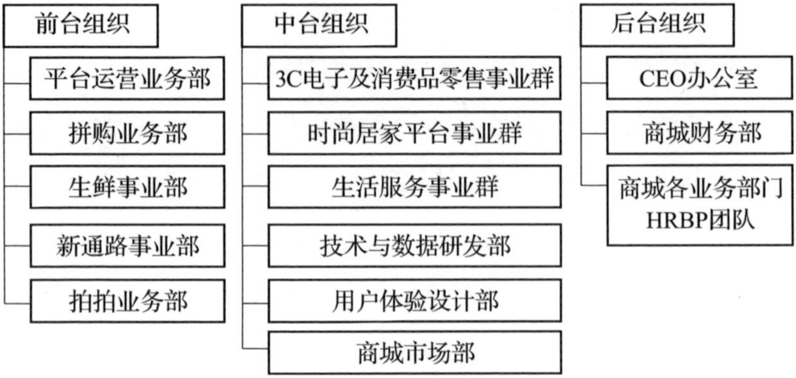

图 4－30 京东最新组织结构图

新的组织结构下，京东商城将以客户为中心，围绕此中心划分为前台、中台和后台三个部分。原三个事业群（大快消、电子文娱、时尚生活）负责人直接向京东集团 CMO、京东商城轮值 CEO 徐雷汇报。

前台离客户最近，理解和洞察客户需求和行为，实现和提升客户价值。其核心能力是对市场和客户行为深刻洞察，服务客户的产品创新和精细化运营。

围绕 C 端和 B 端客户的前台囊括平台运营业务部、拼购业务部等部门。其中原隶属时尚生活事业群的拍拍业务部和隶属大快消事业群的新通路事业部、生鲜事业部和 7Fresh 都被归入前台。

前台部门以 To C 为主。新成立平台运营业务部负责线上精细化运营，拼购业务部负责社交电商，拍拍业务部负责二手产品，新通路事业部负责新零售，其目的是与拼多多、闲鱼、转转二手交易网等进行 PK。

中台是为前台业务运营和创新提供专业能力的共享平台。其核心能力是专业化、系统化、组件化、开放化。三大事业群划归中台部门。其中，3C 电子及消费品零售事业群聚焦强化自营品类的核心竞争力，包含 3C 家电、消费品、全球购等业务；时尚居家平台事业群专注于以 POP 开放平台为主的品类发展，包含时尚、美妆、Toplife 等业务；生活服务事业群则专注生活服务类业务及虚拟业务为主的品类发展。此外，中台还包括技术与数据研发部、商城市场部、用户体验设计部。

中台部门以 TO B 为主。一是自营类，3C 电子及消费品零售事业群（3C 家电、消费品、全球购）；二是 POP 类，时尚居家平台事业群（时尚、美妆、Toplife）；三是服务类，生活服务事业群（包含生旅、拍卖及其他虚拟、O2O 等业务）。

后台承担为整个商城提供基础设施建设、服务支持与风险管控的职能。其核心能力是专业化、服务意识与能力，为中前台提供保障和专业化支持。京东成立 CEO 办公室，承担重大组织及业务变革的整体协调。

京东新的组织高效运行的关键在于：前台、中台、后台之间找到平衡点，以便中台为前台提供强大支持，否则这种组织协同运行机制很容易被破坏。

6. 华为：平台＋项目制

华为最核心的组织模式是平台＋项目制。

华为提出“平台＋生态”发展战略，其中平台包含三方面内涵，一是基于云、管、端协同的新 ICT 技术平台；二是华为为生态伙伴开放各种能力的资源平台；三是作为支撑广大客户商业成功的服务平台。

生态时代与云计算、大数据相伴而生，包括云应用迁移服务商、数据分析服务商、数据清洗服务商、数据可视化服务商等各生态伙伴间产业价值链不可相互取代。华为提出“ICT 生态之行”的标识“Σ”，旨在改变传统线性产业链上的 1∶1 式合作方式，强调 1∶N，或 N∶N 的群体式矩阵合作。华为的生态愿景是：以 Leading New ICT 技术和平台，以开放、合作、共赢的生态理念，打造“客户＋伙伴＋华为”数字化转型共同体，凝聚合力，共筑繁荣生态，共享数字化转型成果。

华为的项目制“铁三角”组织模式由三大模块组成：功能型组织、委员会组织、项目型组织。功能型组织主要提供支持服务，委员会组织主要提供决策，项目型组织主要是执行、冲市场、打市场。整个组织从决策、平台赋能到一线“打仗”，形成新的三角。

项目制组织是风行全球的组织模式，是为完成某个特定项目任务，由不同部门、不同专业的人组成特别工作小组，这个小组更符合现代组织创新、更贴近消费者需求。

华为真正深入客户一线的是项目团队，而项目团队铁三角的背后最核心的是支持服务体系，每个铁三角的背后都有庞大的服务体系提供强大支撑。

7. 温氏：平台化+分布式

温氏是一家独特的企业。

1983 年，温北英创立了温氏公司，1993 年成立温氏集团。2015 年合并大华农（2011 年上市），温氏集团实现整体上市。

温氏主业非常突出，主要有两大业务：一是养猪，占比 63%；二是养鸡（包括部分水禽及其他禽类），占比 31%。其他业务配套包括奶牛养殖、鸡的屠宰加工等。2017 年实现销售收入 557 亿元，总资产达 490 亿元。温氏还构建了 170 多家生鲜连锁门店，打通了产业链的下游。2017 年温氏在广东省企业 500 强中排名第 28 位，在广东民营企业 100 强中排第 12 位。

温氏集团的成功得益于其"平台化管理＋分布式生产"组织模式。该组织模式主要特点如下：

所谓平台化管理指温氏搭建信息平台，实现统一的良种、统一的饲料、统一的信息化、统一的销售。通过互联网平台的连接，将 56 000 个农场在一个平台上实现分布式作业，实际上是互联网的组织模式，即"平台化＋分布式"。

该模式打通了全价值链，体现出基于互联网的主流范式。温氏利用互联网构建全价值链的管理服务平台，通过互联网实现分布式的作业，这是温氏基于互联网的平台化＋分布式作业方式。

从温氏未来组织发展来看，平台＋分布式＋生态，是未来互联网的三个最核心的特点，也是温氏集团组织发展的方向。

8. 美的："789"工程到"10/11/12"工程

新时代，消费者个性化、多样化需求不断升级，要求传统组织快速洞悉、响应客户需求变化。与此同时，知识型员工成为企业价值创造的主体，拥有了更多剩余价值索取权和话语权。这就对企业组织变革、组织治理提出了全新要求。

企业面临两大核心管理创新课题：一是组织变革；二是人才机制创新。美的最早提出"789"组织变革工程后，又提出"10/11/12"组织变革工程，美的的组织变革创新受到业内关注。

所谓"789"是指7个平台、8项职能、9大事业部，其中，"7个平台"指物流平台、电商平台、售后平台、创新平台、金融平台、国际化平台、采购平台。这些职能都是分散在各事业部的，整合后形成了合力，极大提升了整个集团资源配置和对一线业务单元赋能的能力。"789"组织模式下，美的整个组织结构发生了天翻地覆的变化。原事业部制自上而下的层级式管理变成了自下而上的员工自管理；总部从发号施令的"指挥中心"变成支持作战的赋能平台。

在此基础上，美的又提出了"10/11/12"工程——10个平台、11个职能体系、12个事业部，美的推进组织变革和组织管理创新，一线生产力单元能够及时与总部实现信息交换，极大提升了价值创造能力。

综合来看，美的的"789"工程、"10/11/12"工程进行组织变革的目标，就是以客户为中心快速响应市场客户需求，激发组织活力，释放人的价值创造能力、提高组织的效能。这种组织模式代表着未来组织变革方向，代表着传统企业发展方向。

三、绿地集团组织结构调整

绿地集团是一家全球经营的多元化企业集团，创立于 1992 年 7 月 18 日，总部在上海，在 A 股实现整体上市，并控股多家香港上市公司。集团下设房地产、商业与酒店运营、金融、地铁投资、能源、建筑六大业务板块。以 2 000 万元注册资金起步，绿地集团历经 24 年蓬勃发展，资产规模突破 6 000 亿元，连续五年入榜世界企业 500 强。

绿地在全球形成了“以房地产为主业，大基建、大金融、大消费等产业并举发展”的多元经营格局，实施资本化、公众化、国际化发展战略，旗下企业及项目遍及四大洲十国百城。绿地努力成为主业突出、多元发展、全球经营，产业与资本双轮驱动，并在房地产、金融、地铁等若干行业具有领先优势的跨国公司，从“中国的绿地”成长为“世界的绿地”。

从 2016 年下半年开始，绿地集团便开始酝酿转型，以房地产为核心，辅以大金融、大基建和大消费四大产业格局进一步确立，绿地集团内部也相应展开一场变革。16 个房地产事业部中的西北、西南、江苏、中原、华南、山东等 9 个事业部，在原有房地产事业部基础上成立区域管理总部，其中，京津、武汉和南昌房地产事业部更是分别升级为京津冀、华中、江西区域管理总部。区域管理总部整合绿地集团旗下房地产事业部、综合产业集团、社会战略合作商等资源，实现区域内多产业统筹管理、协同发展格局。

此次组织结构调整，主要解决了以下几个方面的问题：

一是解决了集团内部公司之间的竞争，由区域管理总部在房地产、大金融、大基建和大消费事业部之间进行资源配置和调整，使事业部之间实现有效协同，优势互补，避免恶性竞争，理顺业务关系。

二是适应市场变化。例如，为了适应京津冀协同发展，成立了京津冀区域事业部；为了配合“一带一路”倡议，成立了西北区域事业部。在建设特色小镇的业务中，通过区域管理总部，协调不同事业部之间的职能，使四大主业产生协同效应。

三是在集权和分权之间实现了平衡，在分权的基础上进行适当的集权，以协调集团、事业部的资源和力量，完成各个事业部共同的产品和市场开发、服务和技术支持，避免重复劳动导致的管理效率低下和资源浪费。

四是组织结构调整必须权衡利益关系，即在集团利益、职能部门利益和下属单位利益之间权衡，保证各个层级之间权力的合理分配，使整个企业沟通顺畅、反应快速。

四、玖丰化工集团的组织结构

玖丰化工集团的组织结构是一种典型的事业部制组织结构，如图 4－31 所示。

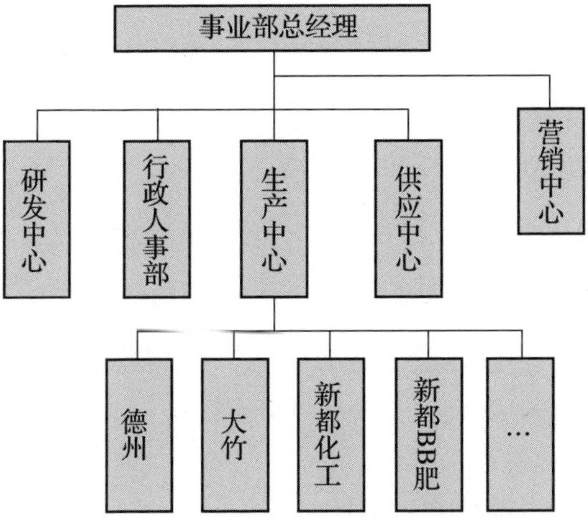

图 4－31　玖丰化工集团的组织结构

如图 4－31 所示，玖丰化工集团总部授权各事业部总经理，负责事业部生产经营活动全面运营管理，总部聚集具有丰富行业管理经验的专业人才，为下属各事业部提供重大决策、资金资源调配等平台支撑，事业部设研发中心、行政人事部、生产中心、供应中心和营销中心等职能部门，德州、大竹、新都化工、新都 BB 肥等各化肥厂/公司则成为集团公司的成本中心。

事业部制组织结构也称 M 型结构（multidivisional structure)、多部门结构、产品部式结构或战略经营单位，即按产品或地区设立事业部（或大的子公司)，主要特点是：集团总部掌握重大问题决策权，日常生产经营活动则授权给事业部具体运作，各事业部具有相对独立的责任和权力；事业部组织结构的基本原则是“集中决策、分散经营”，即重大事项由集团公司最高决策层进行决策，事业部独立经营。但事业部的独立性是相对的，事业部不是独立的法人，只是集团总部的一个分支机构，对利润没有支配权。

事业部制适用于玖丰化工集团这种规模庞大、品种繁多、技术复杂的大型企业，在集团公司决策层领导下，按产品、地区、顾客等划分若干事业部，各事业部由决策层授权享有一定的投资权限，是拥有较完整的职能机构和较大经营自主权的利润中心，事业部的下级生产单位则是成本中心。

五、华润集团的组织结构

华润集团的前身是于 1938 年在香港成立的联和行。1948 年联和行改组更名为华润公司。1952 年隶属关系由中共中央办公厅转为中央贸易部（现为商务部）。1983 年改组成立华润（集团）有限公司。1999 年 12 月，与外经贸部脱钩，列为中央管理。2003 年归属国务院国资委直接监管，为国有重点骨干企业。

目前，华润的业务布局主要涵盖大消费、大健康、城市建设与运营、能源服务、科技与金融五大业务领域，下设 7 大战略业务单元、19 家一级利润中心，实体企业约 2 000 家，在职员工 42 万人。直属企业中有 7 家在港上市，其中华润置地入选香港恒生指数成分股。华润已经成为受大众信赖和喜爱的全球化企业。

为适应多元化发展要求，华润集团围绕发展模式、组织结构、公司治理等进行了一系列重大改革，在并购整合、企业重组、利用资本市场等方面积累了丰富经验，在战略管理、领导力发展、财务价值创造等总部建设方面形成了适合自身特色的管理模式。

华润集团组织结构是一种典型的混合型组织结构（见图 4－32）。

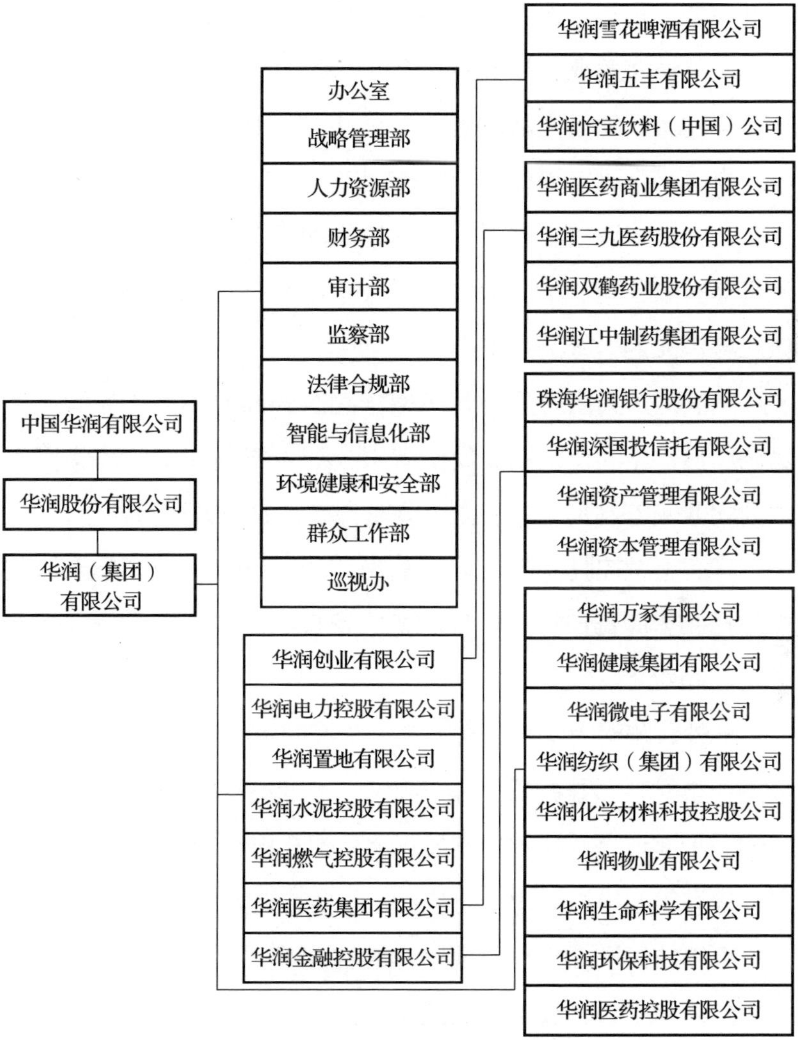

图 4－32　华润集团的组织结构

1. 集团直属部室

华润设“九部两办”即办公室、战略管理部、人力资源部、财务部、审计部、监察部、法律合规部、智能与信息化部、环境健康和安全部、群众工作部、巡视办。

2. 七大战略业务单元，共 19 家一级利润中心的投资运营主体

华润集团的七大战略业务单元主要包括：电力、医药、水泥、燃气、金融、消费品和房产。

其中，华润创业有限公司下辖华润雪花啤酒有限公司、华润五丰有限公司、华润怡宝饮料（中国）公司三家公司，作为该业务单元的一级利润中心。

华润医药集团有限公司下辖华润医药商业集团、华润三九医药股份、华润双鹤药业股份有限公司、华润江中制药集团有限公司共 4 家制药企业，作为该业务单元的一级利润中心。

华润金融控股有限公司下辖珠海华润银行股份、华润深国投信托、华润资产管理、华润资本管理共 4 家金融企业，作为一级利润中心。

此外，华润大学、华润万家、华润健康集团、华润微电子、华润化学材料科技控股、华润物业、华润医药控股、华润生命科学、华润环保科技等均归属集团总部直接领导。

华润集团组织结构、管控模式主要特点如下：

组织结构呈扁平化，属财务管控型模式；集团总部作为唯一投资决策中心，决定重大战略投资规模和投资方向；下属各利润中心只有投资建议权，没有投资决定权；各层级之间的联

系相对较少，各基层组织之间管理相对独立。

六、中国人民保险集团股份公司组织结构

中国人民保险集团股份有限公司简称中国人保，是新中国保险事业的缔造者和开拓者，是一家综合性保险（金融）公司，拥有“PICC 中国人民保险”品牌。

1949 年 10 月 20 日，经政务院批准，中国人民保险公司在北京成立。1996 年 8 月经国务院决定和中国人民银行批准，中国人民保险公司改组为中国人民保险（集团）公司。2009 年 9 月中国人民保险（集团）公司成功改制为中国人民保险集团股份有限公司。2012 年 12 月中国人民保险集团股份有限公司在香港联合交易所完成了 H 股上市，2018 年 11 月在上海证券交易所正式登陆 A 股市场，成为国内第五家“A＋H”股上市金融保险企业。2018 年中国人保总资产达 1.031 6 万亿元人民币，《财富》世界 500 强排行榜第 117 名，2019 年中国人保年营业收入 753.8 亿美元，列《财富》500 强第 121 位。

目前中国人保的组织结构设置情况如下（见图 4－33）：

职能部门包括董事办、监事办、党委办、人力资源部、战略规划部、财务管理部、业务管理部、投资管理部、精算评估中心、信息共享部、文化管理部、法律合约部、风险管理部、审计部等。

旗下拥有 10 多家专业子公司，包括中国人民财产保险股份

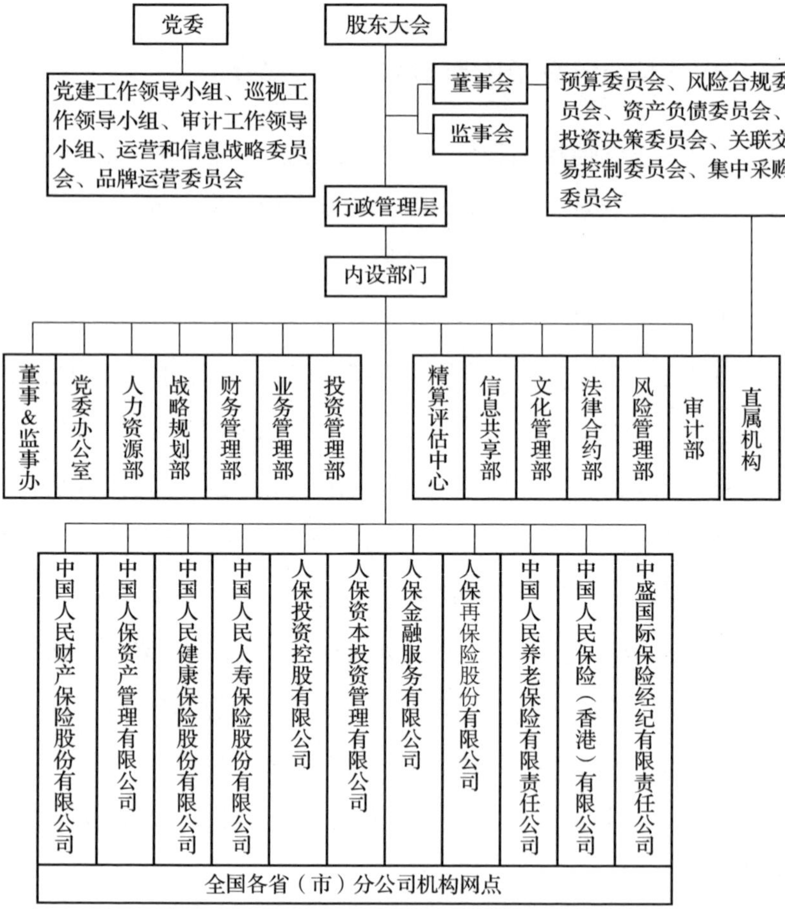

图 4-33　中国人民保险集团公司组织结构

有限公司、中国人保资产管理有限公司、中国人民健康保险股份有限公司、中国人民人寿保险股份有限公司、人保投资控股有限公司、人保资本投资管理有限公司、人保金融服务有限公司、人保再保险股份有限公司、中国人民养老保险有限责任公司、中国人民保险（香港）有限公司、中盛国际保险经纪有限责任公司等。

各专业子公司在全国各省（市）设立了分公司等分支机构网点，如中国人民财产保险股份有限公司等在各省、直辖市、计划单列市均设立了分公司等覆盖全国的分支机构网点。

上述组织运行模式下，中国人保实现了全保险产业链和银行、信托等非保险金融领域战略布局，业务范围覆盖财产险、人身险、再保险、资产管理、不动产投资和另类投资、金融科技、年金和养老金、保险经纪等。

中国人保针对财产保险产品同质化、地区差异明显、服务差异化要求，放弃了大集中组织结构模式，保持地区多分部式的垂直结构，集团总部对各专业子公司实行垂直领导，专业子公司则设立了各地分支公司，并将分支公司逐步培养成为利润中心。

七、某机械制造集团组织结构调整与变革

某机械制造集团是一家航天设备制造企业，集团已连续二十多年保持盈利，累计向国家上缴利税数亿元。经过几十年的发展，集团在管理方面积累了一定的经验，具有良好的基础，但是企业固有的一些问题也制约着集团的进一步发展。

目前，集团亟须解决五大问题，其中四项严重降低了运营效率。诊断结果如图 4－34 所示。

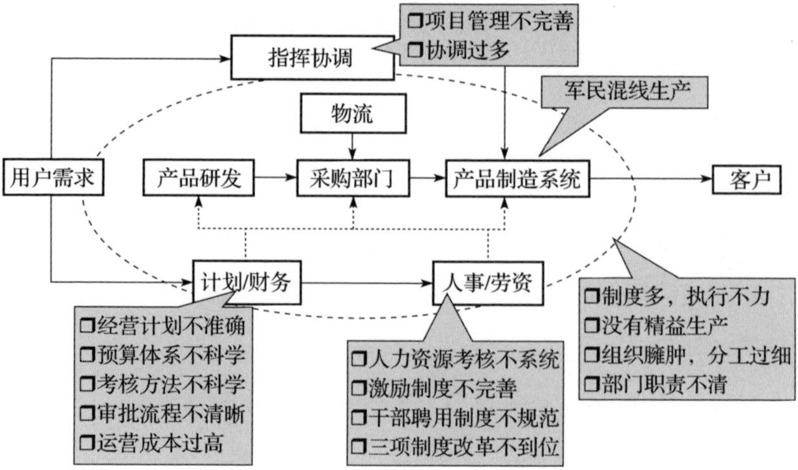

图 4－34　该集团企业问题诊断

资料来源：仁达方略数据库。

（1）组织结构方面：集团管控模式不能适应现有的业务布局。军品、民品和三产业务的职能管理过多集中在机关，一方面导致事务繁杂、机构臃肿和效率低下，另一方面无法满足不同类型业务的发展需要。

（2）决策方面：管理高层的决策重心聚焦于计划执行中的行政干预，而不是确定战略方向，批准战略规划、运营计划和财务预算，以及例外事项的审批，导致管理高层过多陷入日常事务，严重降低反应速度，难以落实管理责任。

（3）战略方面：发展战略不够清晰，对核心能力的价值认识不够，不利于保持和创造重点业务领域的竞争优势。

（4）企划方面：没有健全企划职能，包括整体规划制定、运营计划综合平衡、预算和资金计划的匹配、计划执行的监督控制和考核评估、规划和计划滚动调整，各单位无法统一步调，严重削弱执行力度和效率。

（5）执行方面：工作的开展过于依靠行政指令、部门及岗位职责规定，工作责任和压力没有自上而下层层落实和分解，也没有健全业绩导向的考核激励，高层放任中层吃大锅饭，中层效仿高层放任基层吃大锅饭，导致工作缺乏主动性和责任心，互相推诿扯皮，效率低下。

组织结构方面的问题主要表现为：组织结构与战略不匹配；组织结构臃肿；管理职责划分不清晰；组织中责权利不对等；职能分工过细，协调差。集团针对存在的突出问题，迅速改变管理体制和组织结构，精简编制，提高企业的反应速度。

- 先职能，后专业：先从综合职能管理部门入手改革，再改革技术、质量、生产等专业管理部门，避免对生产造成冲击。
- 先机关，后基层：先改革机关的处室，再对专业厂的管理进行改革。
- 先干部，后员工：与机构相配套的制度改革，先从干部入手，再对一般员工改革。

在公司组织结构的改革上，通过“三步走”的改革战略，力争最终实现集团化发展的格局，如图 4－35 所示。

第一步改革：精简机构，减少层次，构建集团组织结构

以精干主业为出发点，逐步剥离社会服务功能，转变对投资企业的职能部门管理方式，成立投资管理公司（或投资管理

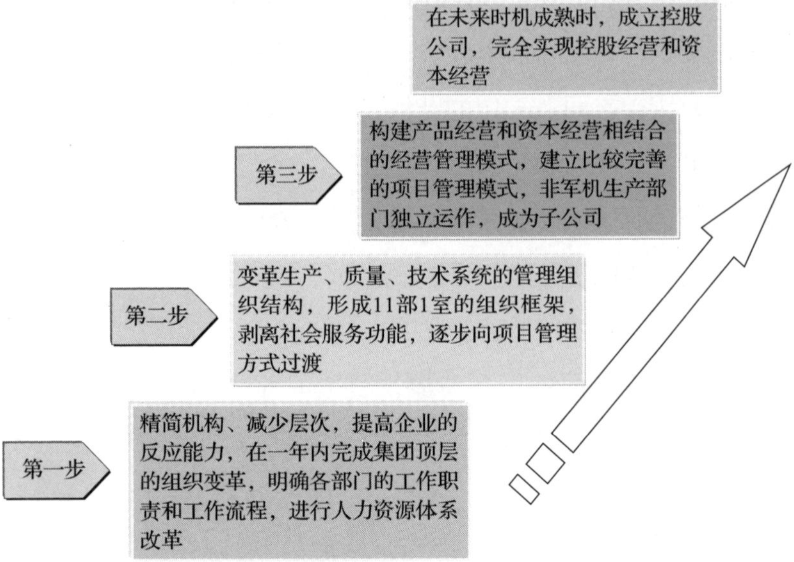

图 4-35　该集团企业组织结构改革步骤

资料来源：仁达方略数据库。

部)；投资管理公司只是控股经营型公司，自身不独立经营，只是作为管理功能；以投资管理公司为物理隔离层，公司各职能部门不再对投资企业进行管理；投资企业的不良资产、冗员都可以暂时放在投资管理公司内逐步消化，工业园有规模后再逐渐分流，既不会造成回流冲击主业，又可以使投资企业轻装上阵（见图 4-36）。

第二步改革：用一年的时间来实现 11 部 1 室的组织框架

在第一阶段改革的基础上，精简机构，合并整合资源，形成 11 部 1 室的组织框架，其中，项目管理部的功能将逐渐分散到各项目中（见图 4-37）。

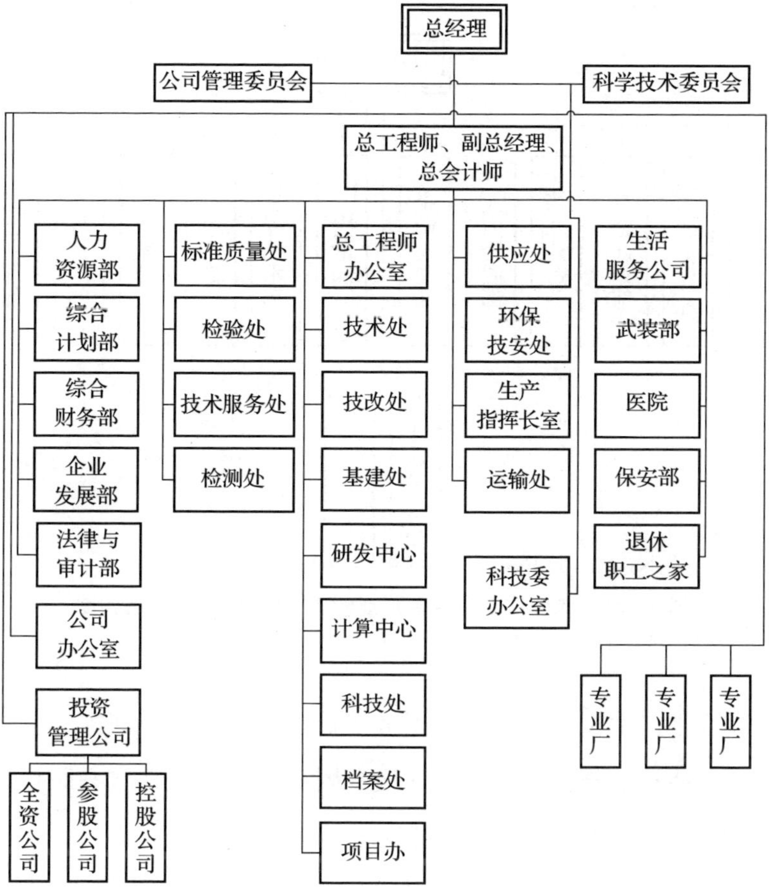

图 4-36　该集团企业第一步改革的组织结构图

资料来源：仁达方略数据库。

第三步改革：构建产品经营和资本经营相结合的经营管理模式

在向第三步改革的过程中，大力推进项目制管理，在各项业务成熟独立前，可以采用事业部制的管理方式以适应各项业

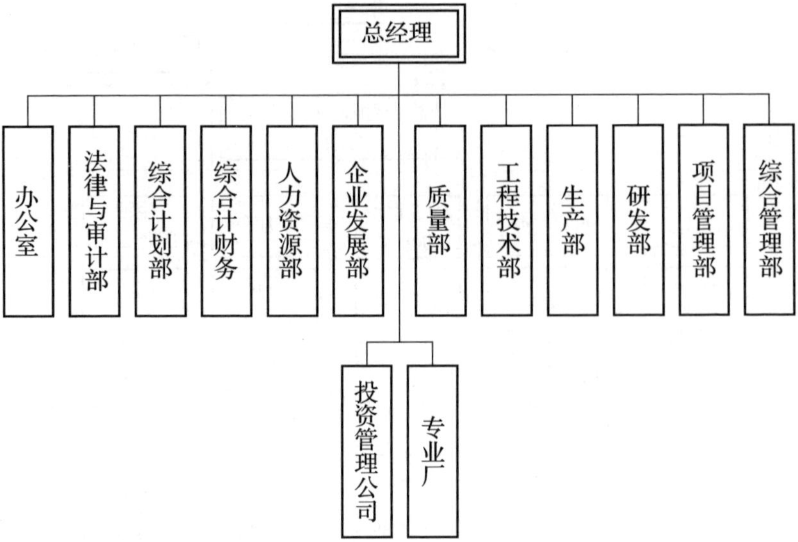

图 4-37　该集团企业变革形成的 11 部 1 室的组织结构图

资料来源：仁达方略数据库。

务的发展。军机项目隶属集团直接管理，其他事业部拥有各自独立的生产、技术、质量、研发、财务等部门。在未来时机成熟的情况下，最终实现集团的资本运作和控股经营。

为了配合机构调整，必须配套进行三项制度改革，以巩固改革成果（见表 4-5）。

表 4-5　某机械制造集团企业的制度改革

制度	措施
干部聘用任期制	干部聘用限定任期四年，到期后，建议轮岗。既有利于干部培养，又有利于建立干部流动机制，促进干部能上能下机制的建立

续表

制度	措施
员工流动制	干部流动机制建立后，对促进员工的流动有示范效应，有利于逐步建立起员工的流动机制。可以在员工合同到期后，对考核较差的员工进行换岗、轮岗，逐步搞活员工的能进能出机制
浮动工资制	利用量化指标的 KPI 考核，将考核与工资挂钩，逐步加大浮动工资比例，双向拉大差距，增加薪酬浮动幅度，达到搞活分配机制的目的

第五章

集团责权管理体系

GROUP
CONTROL

管理既是科学又是艺术。

对于集团管控来说，集团企业责权体系是其核心，它关系着集团高层的决策能否得到有效的执行，是集团企业整个管控体系中的关键一环。明确的责权体系是组织体系有效运行的保障，是构成战略管理、资产管理、投资管理、人力资源管理、预算管理、财务管理等管理流程的基础。它涉及集团企业各单元之间的权力划分，只有双方的权限明确了，才便于集团企业各级管理层在各自职责权限范围内做到各司其职。

我们将在责权理论的基础上，探讨如何建立集团企业的责权体系。

第一节　结构、责权和流程关系

结构、责权和流程共同构成组织，三者联动组织才能有效运转。[①] 如图 5－1 所示。三者的含义如下。

结构：如何构建能够有效支撑集团多元化投融资战略实施的组织结构？哪种组织结构类型、组织管控模式最适合集团控股？集团、子公司所属各部门各层级机构、关键岗位应如何设置，职责权限相互之间界面如何清晰界定？

---

① 王吉鹏，邸洁．大型集团组织结构设计．北京：经济管理出版社，2012.

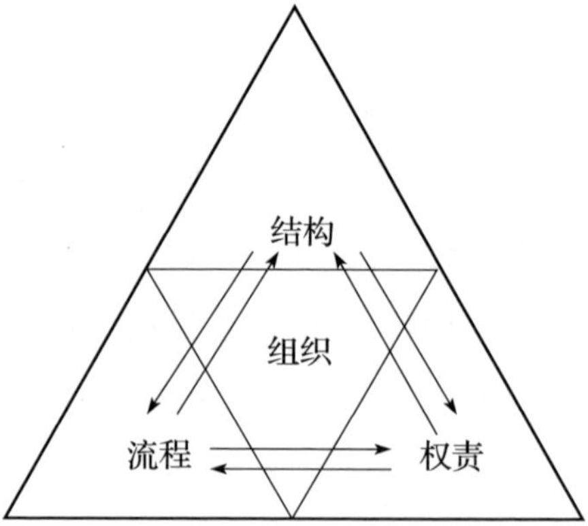

图 5－1　结构、责权和流程关系图

权责：集团管控模式与组织结构如何与权责体系相适应？如何清晰划分总部和子公司在高管、经营班子、主责部门之间的人、事、财等责权界面？如何详细建立纵向责权体系，实现集团总部在重要环节与子公司责权明晰、接口明确、流程顺畅？

流程：如何优化集团关键管理流程，如集团战略、预算管理、投融资管理、人力资源管理、集中采购管理、集团品牌、危机公关、风险控制等流程？如何在关键流程设计中设置承接关键岗位的职责和机制？

如何构建责权体系？首先分“权力项”，即人财物事（人权、财权、物权、事权），人权方面如干部管理权限、人力资源管理权限等，干部管理中的提拔权限、选聘权力、激励权力，这都是权力项；人力资源的权力项包括工资总额的确定权、招聘培训规划等，每个权力项要分层次，比如对工资总额是不是有建议权，还是只有决定权或者知情权？结构、责权与流程三者一起构成一个网格化的责权体系矩阵。

一、集团责权体系定义

集团责权体系，是指在集团企业发展战略、组织结构、业务流程的基础上，集团企业就其各项活动参与者的责任和权力进行界定划分所形成的管理体系。

责权体系与集团企业的战略目标、法人治理结构、组织结构、业务流程紧密相连，同时构成集团企业管控体系的一部分，它是实现集团企业总部与各业务单元集权与分权相统一的有效手段。

集团企业各管理层所处位置不同，职能不同，其经营管理重点和权限划分有所不同，见表 5－1。

表 5－1　不同管理层的责权划分

	集团发展战略	经营策略	实施和具体决策
总部	制定/决策	指导	
各业务单元	参与	制定/决策	指导
子公司分支机构		参与	制定/执行

资料来源：仁达方略数据库。

二、责权关系及其结构

1. 责权关系

责权之间，先有责，后有权；责字为先，以责定权，承担什么样的责任，则享有相应的权力。责权划分要从责入手，集团总部与业务单元之间应清晰界定业务单元应该负哪些责任，再赋予它相应的权力。最后，从决策、执行、监督、协调控制几个方面形成一套决策系统、执行系统、监督保证系统、协调控制系统之间相互制衡的经营管理责权体系，最终实现责权到位、管控到位。

2. 责权结构

（1）责权体系的纵向结构。集团企业组织结构的不同层次承担着不同的职能，按照上述以责定权的原则，就会形成相应的纵向责权结构。责权的纵向结构一般由高层的经营决策权、中层的职能管理权以及基层的操作执行权三部分组成。要想将这三部分联结起来，就要依靠决策权在各层次间的合理配置，才能形成上下衔接、贯穿到底的纵向系统。具体如图 5－2 所示。

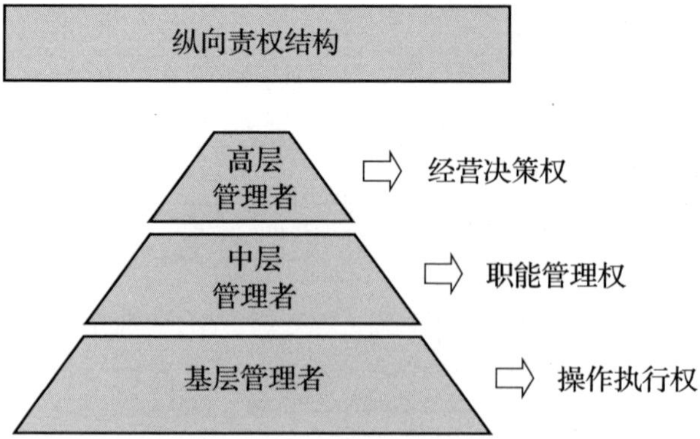

图 5－2　责权体系的纵向结构图

由于决策权贯穿整个责权的纵向结构，这就需要处理好决策权的集中与分散关系，包括从集团企业整体上确定决策权集中与分散之间的关系，以及各种决策权的具体配置，即集权与分权。

所谓集权与分权，是指一个企业决策权的集中程度或分散程度。实际上，没有绝对的集权与分权，所有的集权与分权都是一定范围内的集权与分权。

（2）责权体系的横向结构。责权的横向结构，是指同一管理层次各部门间的职权配置及相互关系。它与职能结构和部门结构相适应，主要包含三个方面：一是按照专业分工，各部门所享有的相应职权；二是按照同级部门之间的协作关系，各自享有的相应职权，如决策权、建议权、审核权等；三是按照部门之间的横向制约关系所确定的监控权。具体如图 5－3 所示。

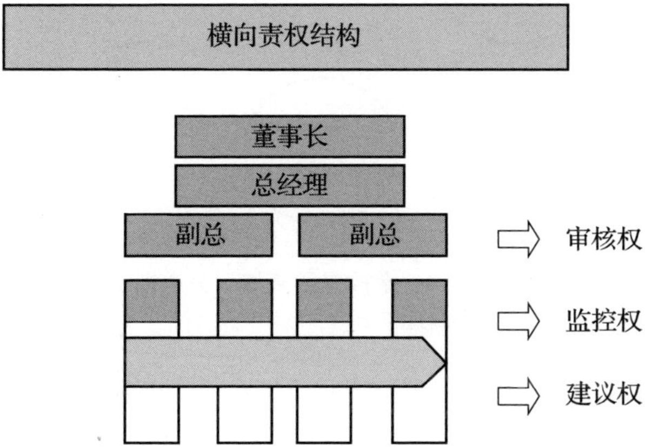

图 5－3　责权体系的横向结构图

根据责权横向结构内容，需要设计部门间的责权分立与衔接工作。通过这项工作，一方面要为职能部门配置其专业管理工作所必须的、可独立行使的职权，以保证实现合理的横向分工与有效的横向制约；另一方面，要为部门间的专业沟通与衔接规定相应的职权，以加强协作，促进横向协调。

三、责权关系及其划分原则

集团企业责权划分原则如图 5-4 所示。

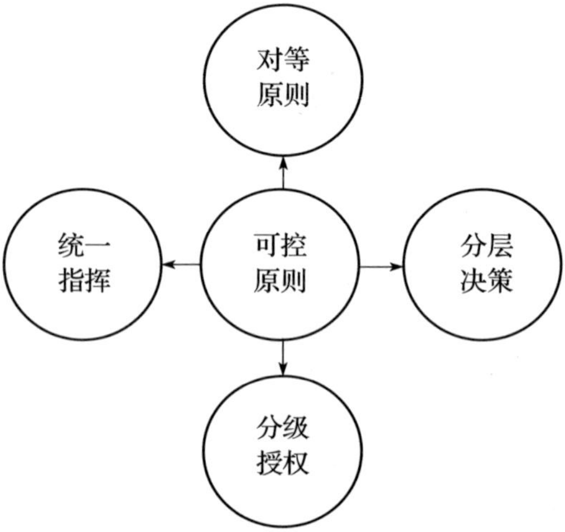

图 5-4　金控集团责权划分原则

资料来源：仁达方略数据库。

1. 可控原则

可控原则是指各个岗位的责权必须根据该项管理的影响大

小和频率，在可控的范围内界定。一般地，影响大、责任重且发生频率较低的事项决策权更为集中。

集团企业是采取集权形式还是分权形式，其影响差异很大，如图 5－5 所示。

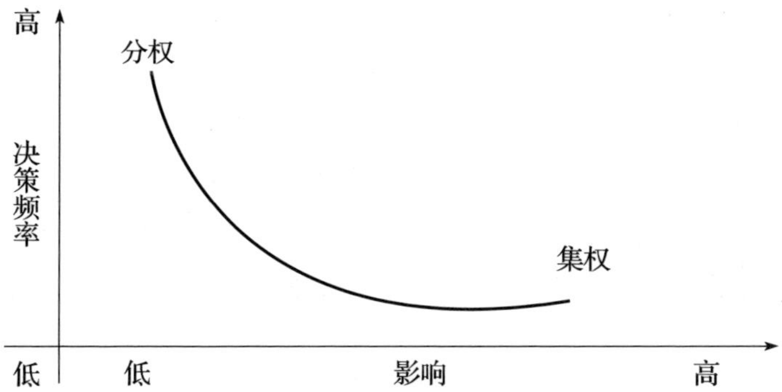

图 5－5　集权和分权的影响

资料来源：仁达方略数据库。

2. 对等原则

对等原则是指以下两方面：各个岗位的责任应当与其在企业的组织结构与业务流程中所处的位置相对等，各岗位的权限亦应与其所负有的上述责任相对等。

3. 统一指挥

统一指挥是指各个管理层次的职责要统一，都要服从集团最高领导层的统一决策。

4. 分层决策（重大事项会议决策）

分层决策是指集团企业各管理层应有各自的管理权限，各管理层在自己的权限管辖范围内行使决策权。

5. 分级授权

分级授权是指对不同管理权限的人授予不同的权力，从而达到有效管理的目的。

四、责权划分目标

集团企业责权划分的目标如表 5-2 所示。

表 5-2 集团企业责权目标

各层级管理部门	责权划分目标
集团总部	摆脱日常事务，集中于集团企业的发展战略、组织建设、管控模式和投融资等重大决策事项
集团总部职能部门	协助总部领导制定集团企业的发展战略、管控模式及确定集团企业的对外投资和融资，对子公司实施监管并为之提供集中服务
各业务单元	依据集团总部的发展战略和管理规范，制定各自的经营战略和生产经营计划，审批年度预算，监督企业运营等
子公司管理层	依据集团总部和业务单元制定的发展战略，独立经营，积极发展，提高企业效益

五、长江实业集团的责权体系

长江实业集团涉足房地产、建筑、能源、电信、传媒、医药等非关联性产业。长江实业的发展一是得益于所有权层次上的公司治理模式；二是经营权层次上的企业管理融合了中华儒商思想。研究长江实业集团可以发现，长江实业集团的责权体系与治理标准达到了完美的统一与协调。

以公司治理标准评价长江实业集团，有如下三项优点：

（1）基于以企业家创业资本的累积为背景，在市场经济环境下规范运营。在公司达到一定产业规模时采用职业经理人管理，企业所有权和经营权实现分离，符合公司治理标准的客观要求。

（2）涉足非关联性产业，多元化发展战略非常成功。公司内部职能明晰，符合公司治理标准在公司内部责权和监管体系方面的总体原则，责权体系达到中西合璧，既能发挥国际职业经理人的才能，又有中国现阶段管理人才的用武之地。

（3）公司资本控制能力和产业经营能力得以有效配合，因地制宜针对董事会和职业经理人两个阶层的人力资源合理配置，效能卓著，体现了公司治理标准的资源整合力量。

第二节　权限划分与职责设计的主要方法

集团责权体系设计，首先从分析框架入手，需要考虑与集团企业的发展战略、功能定位、组织结构、业务流程、集权与分权、管理能力等方面的匹配性；其次从实现责权体系的条件出发，考虑各方利益，完善管理与业务流程，建立全面的预算管理体系。

一、责权体系分析框架

分析评价集团责权体系，一般需要考虑 5 个基本要素，如图 5－6 所示。

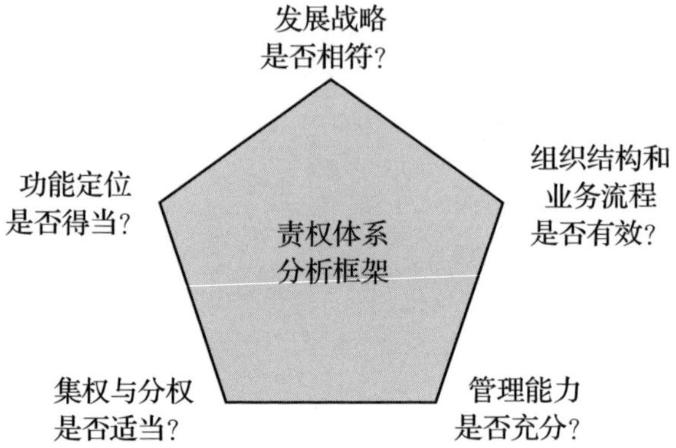

图 5－6　责权体系分析框架

资料来源：仁达方略数据库。

二、实现规范的责权体系具备的条件

集团企业要想实现规范的责权体系，一般应该具备以下几个条件：

1. 充分的沟通与利益的分配

责权体系的设计涉及面比较广，难免会造成各方利益的冲突，如果处理不好就会带来巨大的阻力，因此，进行责权体系设计时必须与相关利益方进行充分的沟通。一方面可以为责权体系变革减少阻力，另一方面可以使责权体系设计更加科学合理，为以后的工作做铺垫。

2. 建立规范的管理流程和业务流程

进行责权体系设计前，首先要建立规范的管理流程和业务流程，这是责权体系设计的前提条件，如果前提条件不具备，责权体系的设计便没有意义。

3. 制定明确的部门职责、岗位职责，编制详细的岗位说明书

制定明确的部门职责、岗位职责，并编制详细的岗位说明书，是责权体系设计的制度保证，也是责权清晰的前提。只有部门和岗位职责明确了，规范的责权体系才有可能建立起来。

4. 建立统一的信息软硬件平台

明确责权体系并不意味着各方能够协调一致，要想达到各部门、各岗位协调一致，还必须有一个信息共享的平台，实现管理信息、会计信息、合同信息和市场信息的充分共享。这也是规范责权体系运行的必备条件。

5. 建立并完善全面预算管理体系

全面预算管理体系是责权管理的一个重要工具，通过全面预算管理体系的实施，有利于完善和规范各方的责权利，从而使责权体系更加规范。

三、集团公司的责权体系设计方法

集团公司各管理层次的责权是不同的，这就涉及集团各管理层次的责权划分问题。下面详细介绍集团公司各管理层次的责权体系设计。

总的来说，在总部和板块/事业部/二级公司之间的责权划分原则是统一领导、统一政策、分散经营。集团企业各管理层关键职责如表 5－3 所示。

表 5－3　集团企业各管理层关键职责设计

集团总部关键职责	总部职能部门关键职责
集团总部的主要功能是构建并保持具有强影响力的管理总部	协助集团决策层制定事关集团企业发展方向的重大经营管理决策，对下属子公司实施监管并为之提供集中服务
1. 制定集团企业总体发展战略和规划，审定各业务单元的子战略 2. 制定集团企业各产业组合战略，优化产业组合业绩 3. 开拓新的业务领域 4. 负责集团企业的资本运营、重大投资决策 5. 统一配置资金，包括资金调度、融资及融资担保 6. 各业务单元高管人员的任免和中层管理人员的选拔、推荐 7. 制定集团企业统一的人力资源发展规划和政策，吸收并保证有潜力的员工得到最好的发展	1. 战略：集团整体战略编制，业务单元经营战略制定的指导和战略方案的审核 2. 投资：集团投资战略与预算的编制，包括各业务单元的投资组合决策、投资项目筛选标准制定、投资项目决策、板块投资项目建议和可行性研究等审核 3. 融资：股票、债券等公募和私募融资、银行贷款、抵押担保及其他资本市场的融资 4. 资金：实行集团资金统一调度，集团成立资金结算调度中心

续表

集团总部关键职责	总部职能部门关键职责
8. 制定统一的财务管理政策，确保财务透明度 9. 集团企业系统内提供统一的法律、税务等咨询服务 10. 集团企业信息系统、信息资源、信息报告规范和信息披露的统一管理	5. 资产：制定统一的资产管理制度和处理政策、程序，所有集团企业资产的处置由资产部门归口管理，与财务中心共同审核 6. 预算：制定统一的预算管理制度，集团年度总体预算由集团管理委员会审定 7. 股权：集团股权实施统一管理，不论控股、参股，还是集团委派董事管理等统一归口相关职能部门管理，包括日常联络及考核，董事会日常事务管理也由相应部门负责（受子公司董事会委托） 8. 人事：高级经营管理及技术人才的开发、选拔和考核。常规人事管理受子公司董事会委托进行集中管理，委派董事、监事、高级管理人员选拔、推荐、任免及最终考核管理，中级管理人员的选拔、人才储备
业务单元关键职责	**子公司关键职责**
板块事业部的主要功能是依据总部的发展战略和管理规范，研究制定各自的经营战略，聘任总经理，审批年度预算，监督企业运营	作为独立的企业法人，子公司拥有《公司法》所赋予的一切经营管理、财产权，并承担相应的法律诉讼责任
1. 追求各业务单元利润的最大化 2. 扩大市场占有率 3. 提高各业务单元的市场竞争力 4. 提高各业务单元的盈利能力 5. 各业务单元范围内的经营组合调整	1. 在集团和董事会的战略规划和预算框架内，开展企业经营管理，提高盈利水平 2. 在民事行为能力和集团企业给定的框架内对外签订业务合同，承担合同义务，享有依法诉讼和应诉的权力

第三节　某央企建构网格化责权体系案例

某央企集团构建了包括企业管理、财务管理、规划发展、资本运营与股权管理等多模块的网格化责权体系。详见表 5-4。

表 5-4　某央企集团网格化责权体系设计

管理领域	一级职能	二级职能	集团公司		产业公司、区域公司、直管单位	基层企业
			总部	各部门（事业部、办公室、直属单位）		
企业管理	创一流管理	创一流管理	1. 做好集团公司创一流总体规划方案的制定和动态修订 2. 做好集团公司创一流指标三年滚动提升计划的制定、年度预算分解落实和监控分析 3. 做好集团公司管理提升措施年度计划的制定和执行等各项工作 4. 持续推动集团公司创一流和管理提升工作有效开展 5. 开展创一流指标完成情况外部对标工作，编制年度对标报告	企法部： 1. 牵头制定和修订集团公司创一流总体规划方案、管理提升重点措施年度计划等 2. 对集团公司创一流和管理提升工作总体进展情况进行跟踪检查和综合分析 3. 牵头组织对系统各单位创一流和管理提升工作进行考核评价 4. 对系统各单位创一流和管理提升工作中的有关具体问题进行综合协调和指导 研究院： 1. 跟踪世界同类能源企业重大经济活动，研究分析发展动态，按季度编制和发布世界同类能源企业动态跟踪报告 2. 选取创一流重要指标，建立综合评价指数，按年度与国内外同类优秀企业进行对标分析，编制年度对标报告 有关部门： 1. 参与制定和修订集团公司创一流总体规划方案，根据需要制定和修订相关专项规划方案，做好各项方案的组织实施工作 2. 提出集团公司相关管理领域专项提升措施年度计划，并组织实施 3. 参与对系统各单位创一流和管理提升工作进行考核评价 4. 对系统各单位创一流和管理提升工作	1. 根据集团公司要求，制定本单位创一流规划方案（包括总体规划方案和必要的配套专项方案），对单位创一流（包括管理提升）工作进行顶层设计和中长期规划 2. 对创一流规划方案进行动态管理，定期进行全面评估和系统修订。根据需要，对创一流规划方案中的部分内容和个别指标进行适时修订 3. 制定创一流指标三年滚动提升计划，将创一流目标分解落实到年度工作和日常工作中，落实到所管企业 4. 对所管创一流和管理提升工作进行考核评价 5. 对所管企业创一流和管理提升工作中的有关具体问题进行综合协调和指导	1. 根据上级单位要求，制定本单位创一流规划方案（包括总体规划方案和必要的配套专项方案），对单位创一流（包括管理提升）工作进行顶层设计和中长期规划 2. 对创一流规划方案进行动态管理，定期进行全面评估和系统修订。根据需要，对创一流规划方案中的部分内容和个别指标进行适时修订 3. 制定创一流指标三年滚动提升计划，将创一流目标分解落实到年度工作和日常工作中

续表

管理领域	一级职能	二级职能	集团公司		产业公司、区域公司、直管单位	基层企业
			总部	各部门（事业部、办公室、直属单位）		
财务管理	财务分析	财务分析	组织开展集团公司月度、季度和年度财务分析（包括财务状况及收入、成本、利润完成情况），研究经营对策，编制财务分析报告	财务部： 组织开展集团公司月度、季度和年度财务分析（包括财务状况及收入、成本、利润完成情况），研究经营对策，编制财务分析报告	组织开展本公司月度、季度和年度财务分析，研究经营对策，编制财务分析报告	组织开展本企业月度、季度和年度财务分析，研究经营对策，编制财务分析报告
	配合监事会工作	配合监事会工作	配合监事会专项检查，报送专项报告	财务部： 安排监督检查方案并制定相关预案，抓好落实反馈工作，发挥沟通和桥梁作用。 有关部门： 1. 按照监事会管理要求，汇报工作，提供相应材料 2. 跟踪关注《监事会工作专报》及《中央企业监督检查年度评价报告》，会同相关职能部门和相关产业区域公司进行解释，加强沟通，客观真实地反映公司相关情况，维护公司形象 3. 按照监事会要求做好其他工作	1. 按照监事会管理要求，汇报工作，提供检查材料 2. 向集团公司提供检查相关材料及整改落实方案	1. 按照监事会管理要求，汇报工作，提供检查材料 2. 向集团公司提供检查相关材料及整改落实方案
	企业年度工作报告管理	企业年度工作报告管理	1. 制定企业年度工作报告编制内容大纲和要求，按产权关系向集团公司系统各单位部署工作 2. 对区域公司/产业公司上报的企业年度工作报告进行审核，编制集团公司的企业年度工作报告 3. 向监事会统一报送系统内企业的年度工作报告	财务部： 1. 制定企业年度工作报告编制内容大纲和要求 2. 对区域公司/产业公司上报的企业年度工作报告进行审核，组织编制集团公司的企业年度工作报告 3. 向监事会统一报送系统各单位企业的年度报告 各部门： 编制与本部门相关的企业工作报告有关内容	1. 编制本公司的企业年度工作报告，并上报集团公司 2. 审核所管理企业上报的企业年度工作报告（股份公司审核所管理企业的工作报告，资本服务公司审核金融企业的工作报告），并上报集团公司	根据集团公司工作部署，编制企业年度工作报告，并按管理关系上报

续表

管理领域	一级职能	二级职能	集团公司		产业公司、区域公司、直管单位	基层企业
			总部	各部门（事业部、办公室、直属单位）		
规划发展	发展战略与规划	发展战略与规划	1. 制定集团公司发展战略和中长期发展总体规划 2. 制定集团公司三年滚动规划，上报国资委 3. 制定集团公司专项规划 4. 指导区域公司/产业公司编制发展规划并审定	规划部： 1. 负责集团公司战略管理具体工作 2. 负责开展政策研究工作 3. 组织编制集团公司发展战略和中长期发展总体规划 4. 组织编制集团公司专项规划，或审核有关部门、产业公司编制的集团公司专项规划 5. 编制集团公司三年滚动规划，报送国资委 6. 指导区域公司/产业公司编制发展规划并审定 研究院： 开展战略研究，并将研究成果报规划部。 有关部门： 1. 根据集团公司发展战略和规划编制要求，搜集与本部门有关的信息，报送规划部 2. 编制与本部门有关的集团公司专项规划，报送规划部 3. 会签集团公司发展战略、中长期发展总体规划及三年滚动规划 4. 会签与本部门有关的集团公司专项规划	1. 根据集团发展战略和规划编制要求，搜集本产业/区域信息，报集团公司 2. 在集团公司指导下，产业公司与区域公司相互配合，编制本产业或本区域发展规划，上报集团公司审定 3. 受集团公司委托，产业公司编制与本产业有关的专项规划，上报集团公司 4. 执行集团公司发展战略、规划和本公司发展规划	1. 根据集团公司发展战略和规划编制要求，搜集所在产业/所在地有关信息，上报其管理主体 2. 配合其管理主体编制产业/区域发展规划 3. 执行集团公司和管理主体制定的发展战略、规划
	年度前期工作计划与前期预算管理	年度前期工作计划与前期预算管理	1. 审批区域公司/产业公司年度前期工作计划，制定集团公司前期工作计划（包括年度前期工作要点，以及前期费和前期目标预算） 2. 审定项目年度前期费预算，跟踪前期费支出时间关键节点 3. 审定列入概算的前期费	规划部： 1. 审核区域公司/产业公司年度前期工作计划，制定集团公司年度前期工作计划 2. 审定项目年度前期费预算，跟踪前期费支出时间关键节点 3. 审定列入概算的前期费 预算部： 将集团公司年度前期工作计划纳入集团公司年度预算与综合计划 煤炭事业部、核电事业部、煤化办等部门： 协助审核有关领域的前期工作计划和年度前期费用预算，交规划部汇总	1. 审核所管理企业年度前期工作计划，制定本公司年度前期工作计划，报集团公司审批 2. 按月分解并下达前期工作计划到各项目单位 3. 严格控制前期费	1. 制定本企业年度前期工作计划，报管理主体 2. 执行管理主体下达的前期工作计划 3. 严格控制前期费用

续表

管理领域	一级职能	二级职能	集团公司		产业公司、区域公司、直管单位	基层企业
			总部	各部门（事业部、办公室、直属单位）		
资本运营与股权管理	企业产权并购	企业产权并购	1. 统筹管理集团公司产权并购业务 2. 制定集团公司直接产权并购方案，并组织实施与后评价 3. 部署安排、指导监督集团公司系统各单位实施产权并购业务 4. 产权并购方案需要上报国家有关部门的，按规定办理核准或备案手续	资本运营部： 1. 制定集团公司直接产权并购方案，并按集团公司决策意见组织实施 2. 根据需要组织资产评估，并完成评估项目核准或备案手续 3. 审核集团公司系统各单位上报的产权收购方案，对其产权并购实施过程进行监管 4. 产权并购方案需要上报国家有关部门的，按规定办理核准或备案手续 规划部： 对未开工的开发权项目进行初审 预算部： 负责将产权收购项目纳入投资计划和资金预算 企法部： 1. 负责产权收购有关法律事务的尽职调查，审核提出法律意见 2. 协商制定或修订产权收购有关协议、合同、章程等法律文件；涉及中外合资合作法律文件须报商务主管部门的，办理有关手续 3. 负责办理工商登记有关手续 财务部： 负责所涉及担保及外汇管理有关事宜，落实产权收购资金；负责产权收购项目财务、税务相关事宜；参与收购价格分析并提出意见 国际部： 负责境外产权收购所涉及的外事管理事务 审计部： 对集团公司产权并购项目进行后评价 有关部门： 负责产权收购涉及本部门管理领域的有关事宜	1. 收集产权收购目标信息，分析整理后向集团公司提出建议 2. 协助集团公司开展有关产权收购工作 3. 根据集团公司部署安排，制定产权收购方案，报经集团公司批准后组织实施并进行后评价	1. 收集产权并购目标信息，分析整理后逐级向集团公司提出建议 2. 根据集团公司部署安排，做好产权并购相关工作

第六章

集团业绩评价体系

GROUP
CONTROL

集团业绩评价体系是面对组织绩效，不是面对个人绩效，是集团对二级、三级公司进行考核，不是对总经理、副总经理进行考核。

集团管控的五大管理体系之中，相对于战略管理体系、组织结构体系、责权管理体系、文化品牌管理体系力求一步到位、保持基本稳定的特性而言，业绩评价体系应该是实效性大于稳定性的管理体系。

此外，其他四大管理体系需要参与的人员范围要小得多，涉及个别部门、个别层级，而业绩评价体系的工作对象涵盖集团企业全部人员、全部时间、全部事务。

业绩才是硬道理。集团企业的发展最终要靠业绩来支撑，没有业绩的集团管控只能是一句空话，管得再好也没有用。因此，对集团企业业绩的评价就显得尤为重要。目前大部分集团企业的业绩评价体系注重当前的利润，对集团发展的长远指标重视不够；偏重于集团的常规财务指标，对非常规财务指标重视不够。在这种情况下，业绩评价就没有很好地反映出集团企业的发展对业绩指标的要求。本章从介绍业绩管理的目标和原则入手搭建集团企业的业绩评价体系。

第一节　明确的业绩管理主体：科学管控的前提

本着“凡事有人管，凡事有人负责”的原则，明确业绩管理主体是科学管控的前提，能够让集团管控落地，给集团管控的执行奠定坚实的基础。这里所说的业绩管理主体既可以是一个综合部门，也可以是一个独立的专职部门。

依据考核指标，管理主体可以有以下选项，区分不同的方向，比如财务指标考核还是业务指标考核，与之相对应，管理主体放在财务部门还是业务部门；依据考核层级可以分为集团总部还是分支机构；依据集权分权程度可以分为纵向的和横向的。

业绩管理涉及集团的各方利益，因此主要高层领导应全面负责各项推进工作的实施，这是业绩管理顺利实施的重要保证。从图 6－1 中可以看出，业绩管理的实施所涉及的高层领导基本上包含了各职能部门和业务部门总监，他们是业绩管理实施的中坚力量，没有他们的参与，业绩管理的实施是不可能成功的。

在《集团的力量》一书中，我们曾经用专门的章节论述总裁亲自部署实施业绩管理的重要性。在业绩管理改革过程中，集团总裁必须直接领导管理程序的实施工作，这是规范业绩管理程序所必需的。总裁领导的方式和流程如图 6－2 所示。

从图 6－2 中也可以看出，总裁的领导需要有一个计划和流程，只有这样才能发挥出高层对业绩管理实施工作的最大作用。

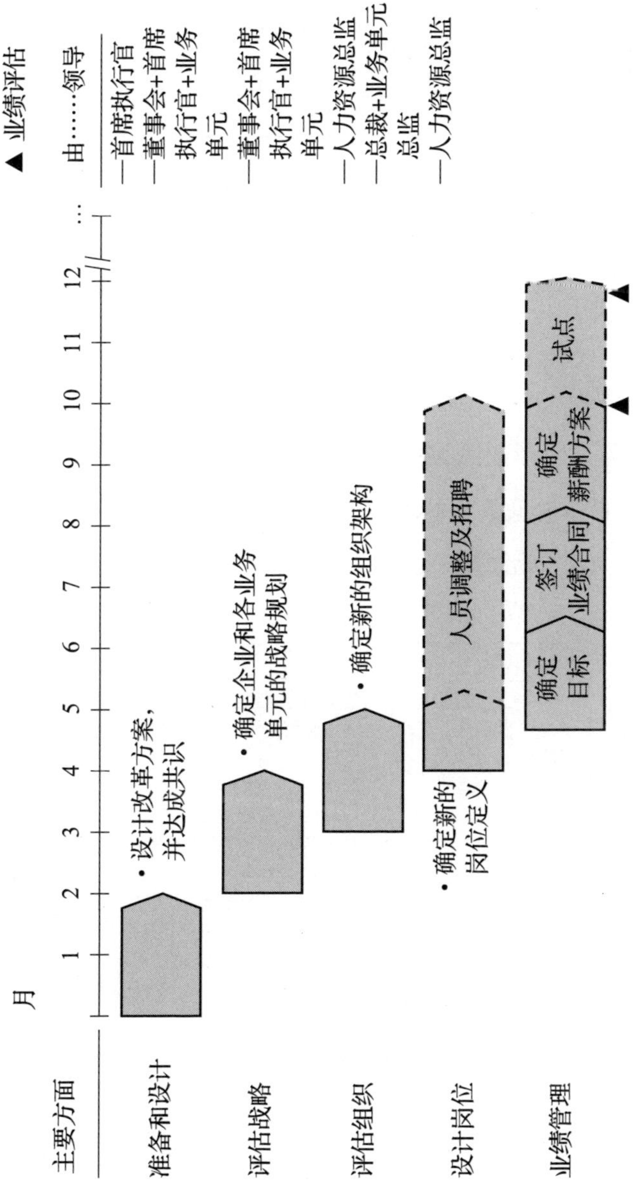

图 6–1　业绩管理的实施过程

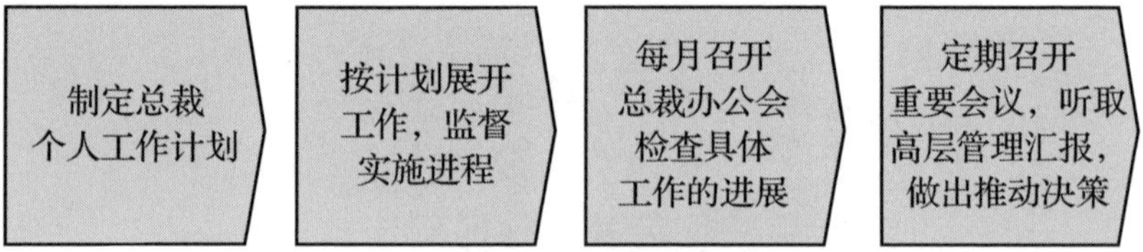

图 6-2　总裁领导的方式和流程

第二节　科学的业绩管理标准：有效管控的基础

为确保新的管理结构能切实有效运转，并促进与之相适应的行为和观念，集团战略与组织转型必须与业绩评价体系联系起来。而业绩管理的目标和设计原则应体现以业绩为驱动的经营和管理模式，如图 6-3 所示。

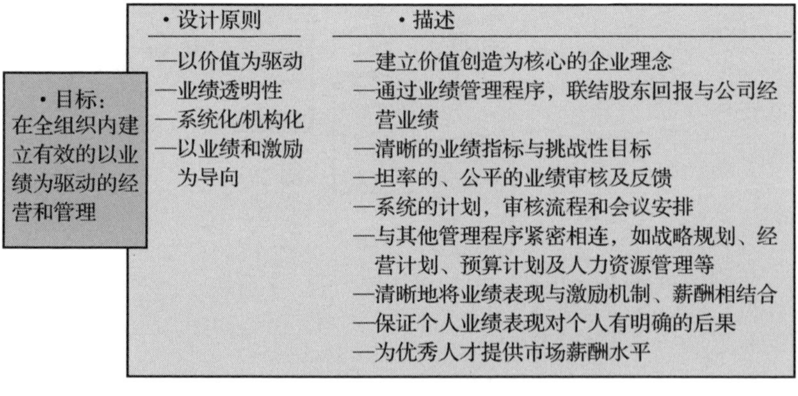

图 6-3　业绩管理体系的目标和原则

在这种原则的指导下，各业务单元的目标包含财务、战略、组织和公司价值 4 个方面。如图 6-4 所示。

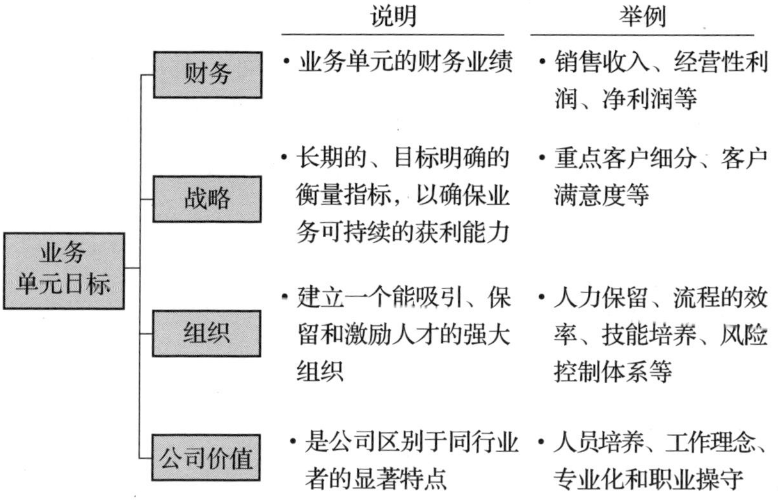

图 6－4　各业务单元的具体目标

确定好考核指标的内容，下一步就是确定这些指标应该达到的目标值，确定目标值可以参考历史数据、行业数据、竞争对手数据、经验数据以及预算数据。

第三节　有效的业绩管理运行体系：规范管控的保障

一个典型的业绩管理流程包括以下 5 个步骤：进行诊断、建立业绩指标、设定业绩目标、进行业绩审核、确定业绩评估并与薪酬挂钩。首先是进行诊断，理解当前的业绩评价体系，将它与最佳实践进行比较，看看差在什么地方，进行差距分析，最终确定业绩管理的主要问题；第二步是根据公司愿景和战略确定岗位职责，建立业绩指标；第三步根据差距和可行性设定业绩目标；第四步就是在工作段结束时进行业绩审核，讨论实际和所定目标的差距，对工作计划进行修改，提出修订后的工作计划；第五步就要进行业绩评估，并且将业绩与薪酬联系起来。这就是一个完整的业绩管理流程。下面将对每个步骤进行详细说明。

一、进行诊断

在进行业绩管理之前，首先要进行诊断，只有摸清了集团的具体业绩管理状况，其他的步骤才有可能成功实现，因此前期诊断是业绩管理的基础，在进行诊断的过程中，有很多诊断工具可以灵活运用，表 6－1 详细说明了各种业绩诊断调查方法的优缺点。

表 6－1 各种业绩诊断调查方法优缺点比较

调查方法	优点	缺点
问卷调查法	可以突破空间的限制 匿名性 避免主观偏见的干扰 有利于定量分析 较为节省人力、物力和经费	仅能获得有限的书面信息 难以全面了解影响回答的各种因素 对被调查者要求较高 问卷的回收率和有效率比较低
资料调查法	有无反应性 费用较低 可以研究那些无法接触到的研究对象 适宜做纵贯分析	质量往往难以保证 有些资料不易获取 缺乏标准化的形式，难以编录和分析

续表

调查方法		优点	缺点
观察法		便于掌握到第一手资料 对研究对象的扰动较小，可得到自然条件下真实行为的资料 特别适用于无语言文字沟通的调查对象 可以弥补其他方法的缺陷	难以进行数量统计和分析 主观性和情感性较强 所得资料缺乏系统性，不易分类和编码 容易出现表面性和偶然性情况
访谈法	结构化访谈法	访谈结果便于量化 应用范围广泛 能获得许多非语言信息 可采用集中访谈的方式	费用高，时间长 主观性较强 须事先对访谈者进行有针对性的培训 难以综合性、多层次地把握问题
	非结构化访谈法	弹性大 能对问题做全面、深入的了解 能综合性、多层次地全面把握问题	费时，调查规模受限制 访谈结果难以定量分析 对访谈者的要求较高

二、建立业绩指标

1. 业绩指标的种类

业绩指标主要有两种：关键业绩指标（KPI）和工作目标（GS）。

关键业绩指标是推动公司价值创造的驱动因素。关键业绩指标的概念和作用有：

（1）是对公司战略目标的分解，并随公司战略的演化而修正；

（2）能有效反映业绩驱动因素变化的衡量参数；

（3）分定量指标和定性指标两大部分，其中定量指标部分包括财务指标和服务、经营运作指标，定性指标包括与业务发展战略相一致的软性参数等；

（4）是对关键重点经营行动的反映，而不是对所有操作过程的反映；

（5）由高层领导决定并被考核者认同的；

（6）使高层领导清晰了解对公司价值最关键的经营操作的情况；

（7）使管理者能及时诊断经营中的问题并采取行动；

（8）有力推动公司战略的执行；

（9）为业绩管理和上下级的交流沟通提供一个客观基础；

（10）使经营管理者集中精力于对业绩有最大驱动力的经营方面。

既然关键业绩指标有如此重要的作用，那么如何来设计关键业绩指标呢？经过研究发现，好的关键业绩指标具有这样几个特点：

（1）可衡量。指标是量化的，易于衡量，并容易理解。

（2）重大影响。对价值有驱动力，具有相关性，有重点的且被优先。

（3）可操作性。能够排序，可计算，公平、公正。

（4）平衡性。指标具有整体性，平衡取舍，支持各个职能。

工作目标是一类特殊的关键业绩指标，它是一种定性指标，能够更完整地考核岗位的全面工作。工作目标与关键业绩指标既有共同点也有区别。它们的共同点是：都是针对目标岗位的工作职责与工作性质而设定；都基于关键价值驱动因素，通过对公司战略目标分解而得出，反映关键经营活动的效果，而非全部操作过程；由主管经理设定，并经员工认同。

两者的差异在于：关键业绩指标衡量定量结果，以结果为导向，由客观计算公式得出，侧重考察当期业绩和经营成果，有直接控制的工作；工作目标衡量定性结果，以行为为导向，由主管经理评分得出，可以考察长期性的工作和经营成果，无直接控制的工作。

一般来说，直接经营管理及业务人员以关键业绩指标为主，支持职能性人员以工作目标为主，两者相互结合，实现对业绩的全面、客观、准确的衡量。

2. 业绩指标的选择

选择业绩指标的过程有三个阶段。

确定业绩指标的第一步是明确价值树，首先要搞清价值体系，只有这样才能设定出有意义的业绩指标。其次是找出关键业绩指标，这些关键业绩指标的选择要遵循一系列的标准，如指标要有重大影响，要对公司效益和业务管理重点影响大，要相对可控，要有很大的改善潜力，要波动性较大，要与最佳实践之间的差距较大。这一步是在第一步的基础上完成的。最后就要针对各个岗位的具体情况，将这些业绩指标应用到具体的岗位上，如总经理要用什么指标、部门经理要用什么指标、业务经理要用什么指标等。

三、设定业绩目标

1. 设定目标要考虑的因素

集团总经理在设置合理的目标时应综合考虑三方面因素：历史增长情况、战略评估、公司的需求。历史增长情况主要考虑历年公司的销售收入、利润等；战略评估主要考虑市场需求增长情况、竞争对手的表现、宏观环境的变化、自身能力的评估等方面；在公司需求方面主要考虑集团企业及分子公司的需求、公司增长的需求、公司业务组合优化的需求以及财务结构的需求。只有这样才能设计出合理的、富有挑战性的业绩指标。仅仅要求“今年比去年好”是不够的，过于理想或过于保守都是不可取的。

2. 业绩目标的设定

业绩目标的设定是一个互动的过程，它需要集团上下的充分沟通，具体的设定过程是：营销中心总经理根据上级目标、市场分析、年度预算向大客户经理提出业绩指标的要求；大客户部经理根据市场分析、历史业绩、自身能力、年度预算提出达到业绩指标的预测；两者的意见经过质询和汇总，通过对关键假设的谈论，最终达成一致意见，然后签署业绩合同。双方签署业绩合同的利益应该是一致的，发约人希望明确受约人的职责，受约人希望其业绩和薪酬有明确的考核标准，最终的指标一般是需要一定努力才能达到的“拔高指标”。

设定业绩目标的第一步就是充分的沟通和谈判，这是业绩目标设定的最关键的一步，只有双方达成一致，业绩指标才能最终设定。如果不能达成共识，业绩目标的设定便达不到目的。在沟通的过程中，可以通过公司上下坦诚的谈判，最终确定各层面的目标。

3. 签订业绩合同

业绩合同是公司对各级实施管控的有力工具，通过业绩合同可以明确各方的权利和义务，从而使业绩目标具有约束力。通过签订业绩合同，业绩目标便具备了应有的效力，从而最终完成了业绩目标的设定。

业绩合同也是业务部门同董事会或部门经理之间的一个内部合同。它确定业务部门的关键指标以及主要成果范围；根据公司整体规划与其个人或部门过去的业绩情况确定；设定每个关键业绩指标的目标；通过合同形式，责成业务部门对确定的指标目标全权负责。它的价值在于：在全公司创造业绩至上的企业文化；高层管理者集中精力解决战略议题和业绩管理，而不是制定经营决策；保证在全公司制定明确的目标；根据关键业绩指标设定可行的挑战性目标。

4. 业绩目标的分解

各主要业绩目标设定后的关键在于将目标层层分解，只有将目标层层落实，才能充分地实现这些目标。如图 6－5 所示。

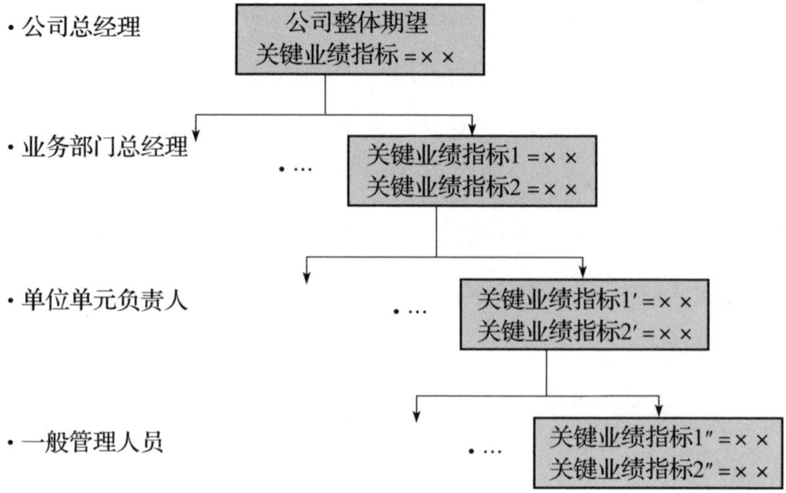

图 6-5 业绩目标的分解

我们都知道，做任何事情只是有一个目标是不够的，重要的是要使目标具有可操作性，也就是将目标分解，使之变成实现目的的步骤。对于业绩目标也是如此，只有将其分解才具备可操作性。分解时可使用平衡计分卡、经济增加值模型、管理层收购等。

四、进行业绩审核

业绩审核的重点是在工作段结束时进行业绩审核，讨论实际和所定目标的差距，对工作计划进行修改，提出修订后的工作计划。

从表 6-2 中我们可以看出，这个业绩行动计划正是将业绩指标分解后所产生的结果。

表 6-2　总经理的行动计划

<table>
<tr><td colspan="9">行动计划（××年）——总经理</td></tr>
<tr><td colspan="3">职务：总经理
业务单元：无
有效期：××年×月×日至×月×日
签署日期：____________</td><td colspan="6"></td></tr>
<tr><td>业绩</td><td>KPI
（举例）</td><td>目标</td><td>上季度完成情况</td><td>本季度预期情况</td><td>时间表</td><td>主要活动</td><td>同意的支持</td><td></td></tr>
<tr><td>财务</td><td>● 公司股权回报率</td><td>15%</td><td></td><td></td><td></td><td></td><td></td><td></td></tr>
<tr><td>经营</td><td>● 公司成本与收入之比</td><td>20%</td><td></td><td></td><td></td><td></td><td></td><td></td></tr>
<tr><td>战略</td><td>● 管理的总资产
● 吸引的资金</td><td>2 000（万元）
100（万元）</td><td></td><td></td><td></td><td></td><td></td><td></td></tr>
<tr><td>客户</td><td>● 客户人均托管资产额</td><td>2（万元）</td><td></td><td></td><td></td><td></td><td></td><td></td></tr>
<tr><td>人员</td><td>● 优秀人才保留率</td><td>95%</td><td></td><td></td><td></td><td></td><td></td><td></td></tr>
</table>

五、确定业绩评估并与薪酬挂钩

1. 业绩评估与反馈

对业绩表现的总体评估是根据关键业绩指标和资质指标的完成情况进行的评估，既包括定量评估又包括定性评估。

定量评估一般是就业绩指标的完成情况进行评估，即完成了哪些目标，包括财务、运营、战略、客户、人员等指标，评估其影响，明确需要完成的业务目标，要与奖金挂钩。定性评估一般是就资质指标的完成情况进行评估，即怎样完成的，包括战略领导、实施能力、专业能力、沟通技能、人员培养、价值观等，评估其明确需要提高的能力，评估要与奖金挂钩，与薪酬的提高和提升挂钩。总体业绩评估即是定量与定性业绩指标的综合评估。

通过业绩评估，便可以知道业绩的完成情况，但是业绩评估也有其不足之处，就是不能充分反映环境的变化及意外情况。因此，在进行完业绩评估后，还要有一个反馈机制，以确保业绩评估的公正性。在反馈的过程中，被评估人可以充分陈述自己的意见和理由，这些意见和理由将作为调整业绩评估结果的依据。

2. 将业绩与薪酬挂钩

在进行业绩评估的过程中，必须将业绩与薪酬挂钩，否则业绩评估便失去意义。业绩与薪酬挂钩的方法主要有三种模型可以应用。

第一种是业绩指标的完成情况影响奖金的比例，资质评估影响年度工资提升，这一模式对关键业绩指标的重视程度超过对资质的重视。这一模型的优点是计算相对较容易，关键业绩指标完成情况与薪酬的联系很清晰客观。其缺点是对资质的重视可能会不够，对不能完成关键业绩指标的惩罚很严厉。

第二种是关键业绩指标的完成情况和能力影响奖金的比例，资质评估也影响年薪提升和奖金发放。这一模式的优点是确保对资质的侧重，较为平衡，因为依据市场情况年薪的增加可能会很少。其缺点是关键业绩指标的完成情况与薪酬的联系不明确，资质评估可能会较主观，这会使薪酬过高或过低。

第三种是关键业绩指标的完成情况与能力影响奖金发放以及年薪提升，模型对关键业绩指标的完成情况与资质的重视程度一致。这种模式计算起来较为困难，关键业绩指标的完成情况与薪酬的联系不够直接、清晰，资质评估可能较主观，也会使薪酬过高或过低。

这三种模型在具体应用的过程中要根据企业具体情况选择，一般情况下，第三种模型的应用较为广泛。

第四节 集团业绩评价体系案例解析

戴姆勒-克莱斯勒是全球大型汽车集团之一，拥有著名的汽车品牌包括迈巴赫、梅赛德斯-奔驰、克莱斯勒、吉普、道奇和Smart等，其产品组合包括小型车、运动车和豪华车，先进工艺的多功能厢式车、重型卡车和舒适豪华的客车。该集团设在北京的中国总部戴姆勒-克莱斯勒（中国）投资有限公司（以下简称戴-克中国），负责协调和发展中国内地及香港和澳门特别行政区的轿车和商用车业务。[①]

① 姚亚平．解析戴姆勒-克莱斯勒的绩效管理——国际化大型公司的绩效管理案例．首席财务官，2006（1）．

1. 业绩管理不是高管的特权

在戴-克中国，年中 CEO 和财务总监就开始分解戴-克总部的战略，CEO 在新战略下根据市场状况调整各个部门，再确定下一个年度的组织结构蓝图，然后预测新年度的人员配备，完成以上步骤后才设定绩效考核评估指标。

因为在科学管理理论下，不能衡量就不可以管理，而衡量绩效时一个核心的问题就是“指标”。指标太多会看不到关键所在，太少则会缺乏必要的信息来进行判断。指标一定得是涉及多个职能的，并保持指标之间的平衡，超前的和滞后的、外部和内部的以及财务和非财务之间都应保持一定的平衡。像戴-克中国这样的公司，其评估指标非常精细，从收入分类到费用分类，由标准参数再推导出新年度的预算。尽管不同的公司之间存在一些共同的指标设计原则和衡量指标的类别，但没有普遍适用的最好的衡量指标。

戴-克中国公司在确定评估指标的标准参数时，先由基层讨论评定指标，再层层上报讨论，最后再由高层分析后评估修改，再从上到下讨论。每年的绩效管理前期都要做这样的讨论，反反复复若干个来回。如果以最高层管理者的位置为中间点的话，前一半是从下向上的报告，或是看做高层征求底层的意见，后一半则是向下传达高层的评论。

2. 绩效考核的目标管理

公司都共同面临着同一个问题，即应该如何将业绩衡量系统和激励相联系。首先，奖酬结构应该和战略保持一致，激励和正确的目标相对应。政策应该既包含短期的考虑，也包含长期的考虑，并受部门间或母子公司关系的影响。其次，结果一定要可衡量，而且要做有效的评估。

在戴-克中国，对管理层的绩效评估就采取两个方面的比较。一方面，是事业部自身的比较。戴-克中国会采取两种评估方式加权取得这方面的评估值，如一个是本事业部当年和上年完成工作量的对比；第二个是当年实际工作量和计划工作量的对比。另一方面，是事业部之间的加权比较。如戴-克中国商用车事业部与戴-克总部商用车事业部比较，再与整个公司的业绩比较。这样每个事业部的绩效，既与本事业部捆绑，又与总部关联，还与区域总部相捆绑。

除与战略一致和可有效衡量的业绩之外，在目标管理中很重要的一点就是管理者有责任感，能够从肺腑之中对业绩目标做出承诺。在目标管理中，除指标性参数外，上下级之间的信任非常重要。而公司中信任的前提就是公司文化，只有在透明、积极的企业文化中才会产生相互信任，而切合实际又行之有效的目标管理又必须有一个好的双向沟通。

像戴-克中国这样的公司，每年每个经理的绩效考核评价都是以结集的形式保存，更像一本本厚厚的档案。虽然每个公司对高层管理者的考核指标都类似，无非是战略、执行力、团队等，但戴-克中国就是依靠全球统一的强大系统，有条不紊地实施执行，稳重更类似政府，任何人的另类行为都很难造成较大的波澜，这种稳定正是戴-克中国这样成熟型企业所追求的。

第七章

集团文化品牌管理体系

GROUP
CONTROL

当前，集团企业越来越注重并自觉进行文化管理，与此同时，对集团文化的凝结物——集团品牌的管理日益成为集团企业文化管理的重要环节并赖以创造价值、实现企业价值。

互联网背景下的集团文化管理和品牌管理也染上了浓重的互联网特色，管理手段和传播手段方面尤其突出。随着新生代在职场的比重快速提高，这种特色会越来越明显。

以前的文化管理指导原则、内容、整合流程或许继续适用并值得遵循，但不远的未来会不会遭到摒弃，谁也不敢说。以并购企业的文化融合为例，互联网改变了社会生态，世界进一步走向融合，文化与文化之间的隔阂与差异在变小，特别是跨文化之间的鸿沟有被弥合和填平之势。

第一节　集团管控下的集团文化管理

20 世纪 90 年代流行这样一句话："小企业靠人管人，大企业靠制度管人，集团企业靠文化管人。"集团文化是企业文化在集团企业中的表现，具有企业文化的一般结构和特质，企业文化所具有的一般作用，集团文化依旧具有。所不同的是，集团文化的主体既包括集团总部，也包括集团企业所属成员单位。在本节，我们构建了集团文化建设的总体模型，就集团文化整合原则、内容和作用进行说明，并用总体模型来指导集团文化整合的具体实施。

一、集团文化建设总体模型

1. 集团文化建设总体模型概要

集团文化建设总体模型为集团企业建设企业文化提供了整体思路，明晰了相关因素，规划了建设路径、指导路径和实践路径。

在图 7－1 的最顶端，是集团文化理念体系提炼的一个简单模型，它为集团文化建设奠定了基础。

集团文化建设有两条路径：一条路径是由上而下的，称为集团文化建设的指导路径；另一条路径是由下而上的，称为集团文化建设的实施路径。集团文化建设的指导路径明确了集团文化建设的推进方向，它有两个方面的含义：一个方面说明了集团文化建设的逻辑方向，表明集团文化建设必须先提炼出集团文化理念体系；另一个方面说明了现实中集团文化建设中集团企业（总部）和各成员机构之间的关系，体现了集团企业（总部）和各成员机构在集团文化建设中的地位。指导路径和实施路径一起，构成了集团文化建设的完整路径和通路，保证了集团文化建设既能够起飞，又能够落地，最终促使集团文化建设的深入。

2. 集团文化建设的 14 个因素

影响集团文化建设的因素包括两个方面：一方面是人的因素，一方面是组织的因素。集团文化建设应该考虑的人的因素包括：员工心声、直接利益、沟通、培训、行为规范、领导人、

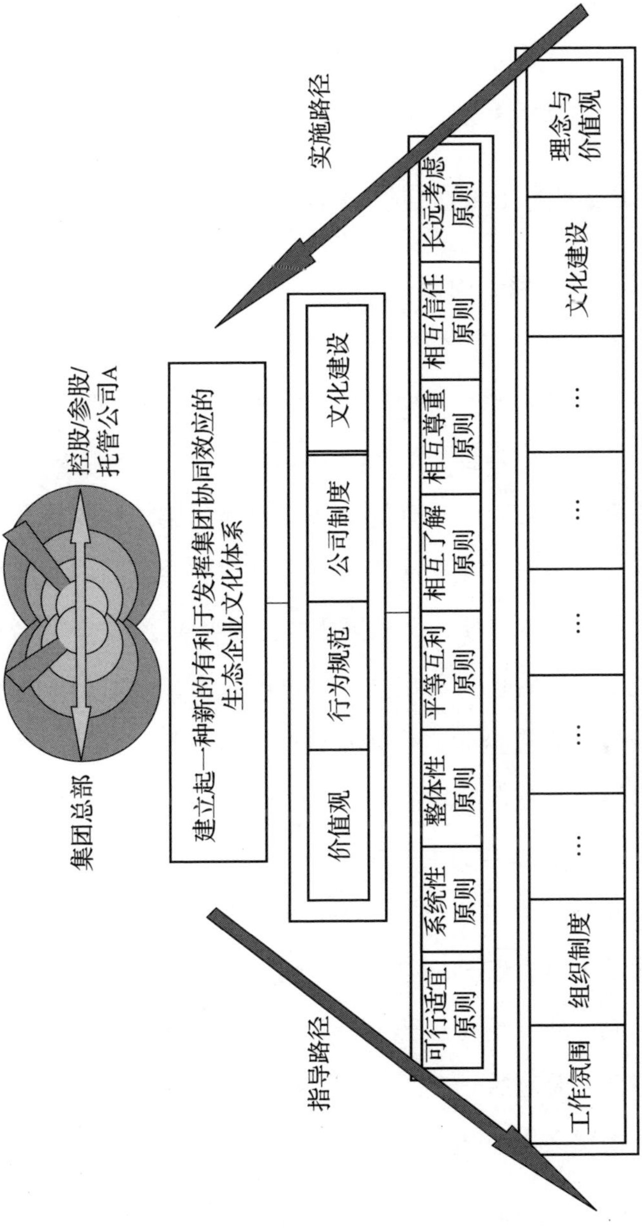

图 7-1　集团文化建设模型

礼仪、职业机会、安置与配置等。集团文化建设应该考虑的组织的因素包括：责权体系、组织结构、业务流程、集团企业战略、人力资源政策等。

二、集团文化整合的原则、内容、作用及模式

1. 集团文化整合的原则①

在集团企业并购过程中，集团企业各成员单位原来各不相同的企业文化共处于一个新的环境之中，经过冲突与选择的互动过程，必然发生内容和形式的变化。

一般来说，它会以原有的优势文化为基础，吸收异质文化中的某些优良成分，重塑企业文化。经过整合，新的集团文化既保留了原有好的特质，又从异质文化中吸收了一些新的特质，从而形成一种新的企业文化体系。也可以说，集团企业的企业文化整合是以原有企业文化为基础，通过扬弃、创新、再造和重塑，最终形成符合集团企业变化和发展的新文化的过程。

2. 集团文化整合的主要内容

如果说企业文化是一棵大树，那么精神文化是大树的根，行为文化是大树的躯干，物质文化则相当于这棵树的枝叶。三者相辅相成，缺一不可。基于企业文化的层次性，并购后企业文化的整合主要包括三方面内容：精神文化的整合、行为文化的整合、物质文化的整合。

---

① 王长征．企业并购整合．武汉：武汉大学出版社，2002.

3. 集团文化整合的作用

文化整合是促成并购整合成功的重要因素，在并购整合过程中是不可缺少的。通过企业文化的整合，把新型的文化作为催化剂与黏合剂，发挥同一性与能动性的功能，对企业拥有的各种内外资源进行有效配置，促进企业各管理层面的改革和完善，从而使并购双方真正形成有机的整体，实现企业自我内存优化的目的。只有成功地实现了企业文化整合，并购后的企业才能形成一体化，才能达到1+1>2的协同效应，实现规模效益。因此，文化整合对于并购企业有着特殊的重要意义及作用，具体表现在：

文化整合是企业并购整合的核心和关键。企业并购实质上是将不同的企业联合在一起，运用各方的优势资源，实现并购后企业的优化整合、提高企业的生产效益。因此，与其他整合相比，企业文化整合更具深层意义，是企业并购整合的核心和关键。

企业文化整合是并购企业持续发展的重要因素。企业资源基础理论指出，企业的可持续竞争优势来源于有价值的、稀缺的和不可模仿的资源，它们可以是物质的和精神的。因此，优秀的企业文化可以为企业带来可持续发展优势，是企业可持续发展的基本驱动力。

4. 集团文化整合模式

不同的企业文化差异需要通过不同的整合模式来融合，企业跨文化整合的模式必须根据并购双方的历史背景、地方文化、发展历程、并购后的战略和双方文化差异的程度等具体情况进行选择。目前主要有四种跨文化整合模式可供并购企业选择：

覆盖型、并存型、融合型、新设型。

覆盖型模式。覆盖型是指被并购方完全放弃原有的价值理念和行为方式，全盘接受并购方的企业文化，并购方获得完全的企业控制权。在覆盖型模式下，被收购企业将放弃自己的文化和组织实践成为并购企业的一部分。

并存型模式。在这种模式中，被并购方的原有文化基本无改动，在文化上保持独立。运用这种模式的前提是交易双方均具有较强的优质企业文化，企业员工都不愿文化有所改变；同时，并购后双方接触机会不多，不会因文化差异产生大的矛盾冲突，两个公司在并购后仍可以独立运作，维持已有的子公司的自治与独立。

融合型模式。融合型模式是指企业并购后两种文化双向渗透、相互融合并发展创新，形成一种包容双方优秀文化特质，得到双方认可的新文化的文化整合模式。

新设型模式。新设型模式指并购后的企业引入其他优秀企业文化，形成一种全新的企业文化，使双方原有企业文化完全消失的一种文化整合模式。这种模式适合并购双方企业文化较弱且文化上均存在很大缺陷，同时双方都想放弃原有企业文化，但又不愿接受对方文化的情况。

三、集团管控下的集团品牌管理

品牌是企业的一种特殊的无形资产，只有与有形的产品结合起来才有生命力，完全离开产品的品牌是不存在的。但品牌又不是产品本身，当集团品牌成为名牌后，就有了相对独立的生命力，既可以依附于原来的实体产品，也可以依附于新的实体而存在。

按照与业务品牌的协同程度，集团品牌主要分为四种模式：A型（统一品牌模式）、A+B型（联合品牌模式）、B源于A型（背书品牌模式）、B型（独立品牌模式），如图7-2所示。

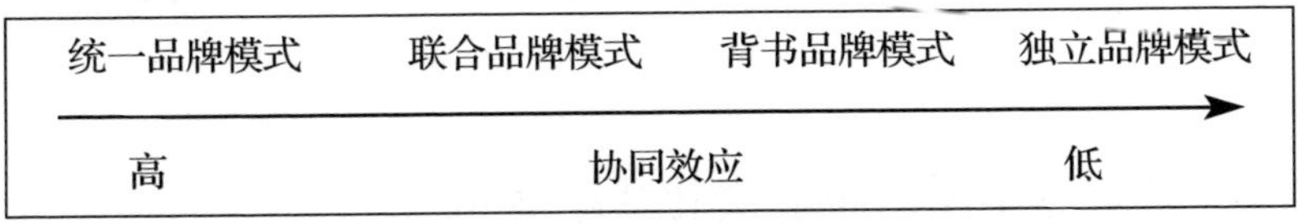

图7-2　四种集团品牌模式

A型（统一品牌模式）指集团与业务单元（如子公司、控股公司或参股公司等）采取统一品牌，每个业务单元都有集团品牌的标识。如通用电气在能源、医疗、金融、发动机等业务单元都采用集团通用标识GE。

A+B型（联合品牌模式）指集团品牌是业务单元品牌的组合体，业务单元共同分担了集团品牌营销的责任。如戴姆勒-奔驰、雷诺-日产集团等采用了A+B型。

B源于A型（背书品牌模式）指集团品牌为业务单元品牌进行背书，给业务单元提供信誉保证，业务单元给集团品牌增值。如雀巢就是采用背书品牌的经典案例，使用“雀巢”品牌的业务单元都与营养有关联。

B型（独立品牌模式）指集团品牌几乎不用，只提及业务单元品牌，业务单元品牌独立行使责任，与集团品牌只有很弱的相关性。在该模式下，集团品牌与业务单元品牌分开运作，以达成更有效的品牌沟通结果。

四种模式各有优缺点（见图 7－3），集团企业可根据自身情况和战略目标进行选择。

第二节　集团文化品牌管理体系案例解析

一、某矿业集团的企业文化战略变革

某矿业集团公司成立于 1950 年，是以金属、矿产品和机电产品的生产和经营为主，兼具金融、房地产、货运、招标、承包工程和投资业务，实行跨国经营的大型企业集团，是关系国计民生和国家经济安全的 53 家大型国有企业之一。

面临良好的经营发展态势，该矿业集团居安思危，不断进行自我审视，期望企业能够迈上更高的台阶。我们与该矿业集团在合作前期的探讨中，针对企业组织内部管理以及文化方面的缺失，进行了探讨，找寻了问题的根源，对该矿业集团实施集团管控下企业文化变革的战略措施。

我们对该集团内外部展开了大量的调查，不仅包括环境的前期观测和分析，还对集团各种业务模块的关键人员进行了逐层走访，先后开展了高层访谈、问卷调查、中层管理者访谈、现场观察、资料研究等调研活动。通过这些调研活动，基本掌握了该矿业集团企业文化的现实状况。

	A型	A+B型	B源于A型	B型
优点	· 便于对外宣传，减少营销成本 · 易于被顾客接受	· 利于协调下属公司品牌矛盾，尽快达到重组，保持原有品牌资产价值	· 增加消费者信任度	· 将集团品牌与业务单元品牌分开，以达成更加有效的沟通
缺点	· 容易在顾客中产生心理定式，不利于集团产业的延伸	· 重构过程成本较高 · 协同性难以处理	· 受益品牌失败会使品牌受损 · 各业务单元的协同性差	· 营销成本高 · 各业务单元的协同性更差
案例	· 通用集团 · 海尔集团	· 戴姆勒–奔驰 · 雷诺–日产	· 雀巢	· 宝洁集团 · 通用汽车

图 7–3　集团管控下的几种品牌管理模式比较

资料来源：仁达方略数据库。

1. 员工整体评价

员工对该矿业集团文化的总体评价较好，对近 70 年的发展历史持积极肯定的态度，对未来的发展潜力表现出良好的预期。

优势：作为关系国家安全和国民经济命脉的 53 家大型国有集团之一，该矿业集团具有优良的历史文化传统，拥有一支高素质的人才队伍，形成了独特的经营理念和企业精神，员工具有较强的业务能力和强烈的使命感、自豪感、集体荣誉感与社会责任感；该集团近几年突飞猛进的发展与骄人业绩、相对稳定的工作与优厚的待遇，以及未来发展的良好预期，对员工形成了强大的吸引力与凝聚力。

问题：基层员工对企业文化了解不够充分和深入，认识不太清晰、不统一；优秀文化素材需要系统而有效的整合、提炼（确认）与提升；集团职能部门、板块之间就薪酬分配制度、工作态度、办事效率等问题存在认知上和操作执行上的差异；需加强沟通渠道建设和“大团队建设”；经营压力与项目压力对员工心态有一定的影响；人才结构需要进一步优化，分配与激励机制不完善、不科学，有待加强和完善，现有人力资源政策不能实现对优秀人才的充分开发和培养。

2. 重点维度分析

该集团评价最高的三个维度依次是员工工作动机、理念与价值观、组织制度；评价最低的三个维度依次是内部沟通、培训与员工发展、管理方式。员工有强烈的自我成就动机，表现出该集团员工奋发向上的精神风貌，用人机制比较灵活，但沟通保障略显不足，对人员和过程的关注不足。员工有强烈的成就导向，十分关注事业的发展；应通过多样化激励，激发员工潜能，实现人力资本价值最大化。

(1) 工作动机维度（优势）。

作为一家以贸易为基础，集约多元，拥有全球化营销网络的大型企业集团，该矿业集团员工整体学历水平较高，大学本科以上学历的员工占员工总数的67.42%。这些具有较高学历的员工具有强烈的自我成就动机，比较认同该集团的理念与价值观，同时，他们十分看重个人的持续成长、未来的发展空间、良好的沟通以及管理方式的改善。为了激发这些员工的工作热情，发挥他们的最大价值，需要使用相应的情感激励、物质激励以及增加员工的培训机会等手段。强烈的成就导向使员工在工作中更加积极主动，不断自我激励。

(2) 理念和价值观维度（优势）。

在追求利润的同时，该矿业集团高度重视自己的社会责任和企业形象。该集团从上到下、从内到外处处体现出一个负责任的企业形象，并自觉承担企业的社会责任，如积极参加绿色希望工程、建设希望小学、扶贫等，树立了良好的企业形象，员工因此充满自豪感。集团员工能够切身感受到品牌效应为公司带来的声誉，并认为个人业绩的实现很大程度上得益于集团的品牌和声誉，认为建立良好的品牌比单纯抢占市场份额更重要；同时，质量观和市场观深入人心。

员工认为集团有着明确的企业宗旨和企业精神，但各自在认识和理解上却是不一致的，有的认为是“团结、务实、高效、奉献”，有的认为是“自强不息”，有的认为是“积极进取、团队、务实、民主”……这需要在企业文化建设和推进实施过程中加以统一并逐渐达成共识。

（3）内部沟通维度（隐患）。

该矿业集团政令畅通，保障集团实现经营管理业绩。但是，重大投资决策、重大人事安排的透明度不够，自下而上和横向的沟通渠道建设略显不足，员工在交流中有所顾忌，这对部门之间和板块之间的沟通与合作产生了不利影响。信息的不透明使上下结合、内外结合的协同效应难以有效发挥。

横向沟通中，部门内缺少定期的双向交流，在各级员工的自我要求和努力下，沟通现状要好于沟通保障。自上而下的沟通渠道建设较好，公司高层领导积极鼓励各个级别的员工为公司的发展提出合理化建议或意见；部门领导能够认真听取员工的需求和意见。但反映到横向沟通中，各部门之间的协作存在扯皮和猜忌的情况，各部门之间的信息共享程度不高。

（4）培训与员工发展维度（隐患）。

现有培训尚不能充分满足员工发展与提高的需求；人才发展机制有待进一步改善；晋升不能仅限在领导视野内的人；岗位轮换较少，应增强跨专业、跨部门的人才流动，增大优秀人才的发展空间。

从学习和培训方面来看，该矿业集团对岗位的技能培训比较重视，对新员工进行了系统的职业技能培训，为员工在集团的发展提供较好的基础；在工作中，集团领导鼓励下属注意总结、积累，从他人的经验中学习；鼓励员工参加外部的培训活动，但员工认为参加外部培训的频次不高，有些培训“赶时髦，但不实用”。尽管多数员工都表达了希望通过培训不断充实提升自己的愿望，但目前集团为员工提供的培训尚不能充分满足这些需求。

在员工发展方面，从上下级之间的关系来看，上级比较重视对下属人员能力的培养，对下级的工作进行有效的帮助和指导。但集团在用人上视野不够开阔，会影响到员工对个人发展的预期，进而影响员工工作的主动性和绩效的持续稳定提升。应增强跨专业、跨部门的人才流动，增大优秀人才的发展空间；适当的轮换也有利于板块之间、职能和业务之间的沟通与协作，树立大团队的概念。

二、华侨城集团的品牌三级管理模式

华侨城集团拥有康佳集团、华侨城地产、锦绣中华、世界之窗、欢乐谷、威尼斯酒店，以及经济型连锁酒店城市客栈等知名企业品牌，核心业务涉及旅游、房地产、通信电子等领域。除康佳电子以外，华侨城集团旗下几乎所有的产业品牌、子公司品牌均延用“华侨城”的集团品牌。在 2006 年经历换标行动之后，华侨城集团力推集团品牌，并将集团品牌的影响力提到一个前所未有的战略高度。①

① 邓勇兵，张萌．华侨城集团品牌三级管理模式．中外管理，2007（8）.

1. 力推集团品牌，设立三级管理

集团品牌管理，最大的难点在于协调集团品牌与产业品牌或产品品牌的关系，不仅仅在各自强调的侧重点上，也包括组织结构的设置与工作任务的分工协作。处理得当，两者可以相互促进；否则很可能造成冲突，浪费资源，损害各自的品牌识别。

为配合集团品牌影响力的推广与提升，华侨城集团确立了集团品牌管理在组织上的三级管理模式：

品牌决策委员会——由集团的领导、各子公司集团一把手组成。

品牌管理执行委员会——由集团总部各部门的一把手、子集团分管品牌工作的副总裁组成。

执行委员会办公室——由各子公司专职人员组成。

设立三级管理机构的目的，在于协调集团品牌与旗下子品牌的关系，避免集团总部越俎代庖，也避免旗下公司喧宾夺主。

在华侨城集团总部的统一管理下，集团组织统一、大规模的推广活动，下面的企业则根据大的主题做一些相关的推广。涉及集团品牌推广的活动，主要是由集团组织；单个品牌的推广则由旗下企业自己承担，费用也独立核算。比较重大的品牌推广计划，提交执行委员会讨论；更重要的事则提交决策委员会协商；日常事务的处理交由执行委员会办公室操作。比如酒店连锁，它们的品牌运作有自己独立的部门，在这个领域有它们专业性的体现。日常的业务经营集团总部是不介入的，集团总部主要是控制大的活动。

2. 整体趋同下的个性彰显

在不同的时候，华侨城集团品牌所诉求的重点也会体现出差异。通过差异化的诉求，华侨城期望达到的目的是：既要强调集团品牌的影响力，同时也要彰显业务品牌、产品品牌的独特性。

华侨城的品牌结构分为三个层次：第一层是集团品牌，即华侨城；中间是业务品牌，即华侨城旅游、华侨城地产、华侨城酒店等；然后才是产品品牌，如欢乐谷、世界之窗、波托菲诺、威尼斯等。

从结构上来看，华侨城品牌结构是一种典型的背书品牌：华侨城旅游、华侨城地产、华侨城酒店等都是华侨城集团品牌的背书品牌。在这种品牌结构下，业务品牌视觉形象中，母品牌仍然是主视觉形象。因此，不论这些背书品牌做什么样的推广，其实都会对华侨城品牌产生作用。

多元集团的品牌架构决策的核心原则是，优化各个层级的品牌联想，尤其是核心价值之间的兼容性。在这种形态下，当旗下品牌需要以一个独特个性单独推出的时候，也需要有其独特的品牌个性。集团和业务品牌、产品品牌在驱动消费者认同中承担不同的功能，才能发挥最佳的品牌力。华侨城集团的品牌定位是“提供优质生活的创想家”。不论是华侨城旅游、华侨城地产还是华侨城酒店，其核心价值都在致力于提升生活品质。因此，华侨城集团品牌架构中，各个层级的品牌联想、核心价值的同一性要远远大于差异性。而其产品品牌，比如“用智慧创造欢乐”的欢乐谷主题公园，也正好趋同于集团品牌的定位和核心价值。去参加旅游交易会，就强调旅游业务品牌；在文博会，就彰显文化品牌；参加房地产大会，就强调房地产的专业性。

显然，作为集团企业，除集团品牌应该规划核心价值外，各业务品牌、各产品品牌仍然需要在集团核心价值的统帅下形成各自的品牌核心价值，完成更明确的定位，以符合每一个行业的特点，获取不同产品顾客对品牌的认同。

3. 远近相关，各归其所

从华侨城集团未来的发展战略来看，旅游和地产业务依然是华侨城集团的核心，因此，华侨城集团品牌与这两大产业品牌有着最紧密的联系。但这并不意味着集团品牌需要对两大事业品牌起到同样的助推作用。

旅游和房地产两大产业虽然紧紧联系在一起，但是由于其基本属性不同，市场和消费者有很大差别。对于旅游景点而言，对消费者的决策产生最主要作用的是旅游产品品牌价值本身，如类型、获得的旅游休闲体验、所在区域、口碑以及价格，至于这个景区是谁规划、开发、建造、管理的，可能并不是消费者关心的重点。基于这种考虑，华侨城与旅游产品品牌之间可以是松散的联系，以背书品牌形式出现在旅游品牌的推广中。

然而，对于房地产市场而言，消费者对品牌的关注度就大大提高了。随着房地产业进入品牌竞争时代，房地产品牌传递给消费者的是基于品质和服务的综合性体验与承诺。品牌美誉度、企业实力，都是影响消费者决策的关键因素。同时，华侨城房地产可以与华侨城集团品牌实现更高效的嫁接。华侨城集团“优质生活创想家”的品牌定位可以直接应用到房地产品牌上，从而在已有产品特色的基础上，加上华侨城集团品牌的筹码，赢得更多消费者对于华侨城房地产品牌的认同与喜爱。随着华侨城房地产品牌知名度、美誉度的提升，反哺华侨城集团品牌，为华侨城集团品牌累积更多的资产，并最终使华侨城在房地产产业上能够获得更高的溢价。因此，华侨城品牌可以紧密地与房地产品牌联系在一起，如以双品牌形式出现。

酒店产业是华侨城的三大核心业务板块之一，也是未来集团的发展重点。目前，华侨城已经形成从经济型酒店到超五星级酒店，由 4 个酒店品牌组成的全系列酒店品牌布局，通过与英国洲际酒店集团的合作获得了初步的成功。但从现在的酒店业态看，华侨城集团的酒店业务要想获得长足的发展，最需要做的工作是树立专业的形象。在完成酒店定位布局的基础上，对酒店品牌的核心价值进行规划。酒店品牌需要强调自己专业的管理团队、经营理念、独特的风格和人性化的服务，能够给消费者带来更具联想性、更具可感知价值的定位。

在行业与产品单一的格局下，营销传播活动都是围绕提升同一个品牌而进行的。但随着行业与产品日益繁杂多样，对集团品牌与产业品牌、产品品牌之间的关系进行规划，就成了许多大型集团企业迫切需要解决的问题。华侨城的集团品牌管理模式，提供了许多可圈可点的经验。

三、世界在变，创新不变的方正集团品牌建设

北大方正集团由北京大学 1986 年投资创办，是中国著名的 IT 企业，在中国 IT 产业发展进程中占据着重要的地位，拥有在上海、深圳、香港交易所上市的 20 多家独资、合资企业，员工 2 万多人，是 500 家大型国有企业集团之一，120 家大型试点企业集团之一。[①]

方正依托北大的医学资源，以医疗管理的方式切入到医疗、医药领域，打造医疗、医药平台。

关键问题诊断：

(1) 集团品牌缺乏明确的规划：在方正集团品牌建设启动前，方正集团内部没有严格的品牌区分，甚至只要控股了某个公司，该公司的名字就可以冠以“方正”，导致客户对方正品牌印象杂乱、信息零碎的错觉，不利于方正品牌的长期发展。

(2) 方正品牌的核心价值没有得到完整的体现，方正的品牌被下属的各类型公司支离破碎地使用。

(3) 方正品牌的高科技形象弱势，方正的形象稳重有余、活力不足，这和以 IT 高科技业务为主的方正明显不符合。

集团品牌建设方案：

(1) 建立有效的品牌管控模式，集团管控是方正集团品牌

---

① 陈小芳．世界在变　创新不变——方正集团以创新为企业的灵魂．经济导报，2007 (36).

建设的前提。通过“控制权上移、经营权下放”一个原则和“统一财务、统一投资管理、统一人事、统一品牌管理和统一内控”五个统一来实现高效可控统一管理，彻底解决原有的“诸侯割据”问题。

（2）方正品牌的定位：“中国的方正”。方正代表中国高科技自主产品，扎根中国，起源于中国。一直坚持自主创新，致力核心技术，是中国高科技自主品牌的代表。

（3）品牌整合，界定“方正”品牌只在IT领域运用；清晰表述品牌构架中的关系类型和层次，便于外界清晰理解方正品牌；在世界的传播中区分使用不同层面的品牌。

方正集团品牌建设的意义：

方正通过一系列的品牌整合方法，建立了一个清晰、明确、有力的品牌形象，让社会各界能够生动地感受到一个充满活力、个性鲜明、值得信赖的方正品牌，增加方正的亲和力、活力和现代感，提升品牌美誉度，向强势的领导者品牌进军。

第三节　集团文化建设需统一企业集团的使命

我们的企业是什么，我们的企业将是什么，我们的企业能是什么，德鲁克的这三个经典问题，值得我们认真思考。这三个问题就包含着使命与愿景。

美国德鲁克基金会主席弗朗西斯·赫塞尔在21世纪管理国际研讨会上发表了题为《新世纪的使命管理》的演讲，提出

“使命管理”的新理念。她强调“一切工作都源于使命，并与使命密切相关”“你不需要为了管理而成为管理者，你是为了使命而成为管理者。你所做的一切工作，无非是与大家进行沟通，让大家接受这个使命，然后团结带领大家，朝着这个方向前进”。

企业使命是从本质上回答企业生存和发展的根本问题，在思维上要求企业自我审视“我们因何而存在”“我们到底做什么”，进而明确“我们将去向何方”“我们的未来发展怎样”“我们去向那里的理由”“企业的活动范围是什么”，等等。

例如，香格里拉的使命是：“为客人提供物有所值的特色服务和创新产品，令客人喜出望外。”这个使命首先明确了香格里拉存在的目的和它是做什么的，即为客人提供特色服务和创新产品；第二个层面则回答了香格里拉如何体现出它存在的价值，即通过使客人喜出望外来体现。整个使命清晰而明确地回答出了香格里拉存在的目的和存在的价值。

企业集团的使命，应该非常简洁地说明企业集团存在的价值和意义，表现企业集团所肩负的责任，它应该是形式上简单、内涵上丰富的。例如，中国电信的使命是：共享与世界同步的信息文明；中国移动的使命是：创无限通信世界、做信息社会栋梁；中国联通的使命是：打破垄断，促进电信业的改革、繁荣、发展。

在集团文化建设中对使命进行统一，要求企业集团各成员机构坚守共同的使命，这应该是毫无疑义的事情。因为企业集团的组建，首先就是为了一定的目的，这个目的很可能就是企业的使命。以使命驱动闻名全球的默克制药集团，在全球各地都有分公司，各分公司的使命始终是一致的，那就是保护和改善人类生活。

如果企业集团内各成员机构的使命不一致，它们的价值取向也就不一致，倡导的行为就会不一致，企业集团的使命能否实现就值得怀疑。统一的使命是统一的企业文化外显的基础，集团文化要能体现出企业集团的整体性，就必须对使命进行规定，要求企业集团各成员机构的使命必须与集团公司（总部）的使命保持一致。

第四节　文化建设的差异性与文化管理的统一性

随着企业文化建设新一轮热潮的兴起，很多企业在推进企业文化建设的过程中，往往存在着“重理念”“轻深植”的现象，只重视企业理念的创新，而忽视了理念背后的管理支撑，没有考虑企业的管理实际。很多企业只是策划、执行一些企业文化建设活动，未能上升到文化管理的层面，更无从和公司战略、人力资源、生产、经营、营销等管理活动相匹配。①

一、从文化建设走向文化管理

企业文化建设突出在“建”字上，指企业相关经营管理理

---

① https://wenku.baidu.com/view/eb596009bb68a98271fefaac.html.

念的形成、认知、认同和传播等过程。企业文化管理实质上是“用”，是指企业文化理念、行为规范等体系与经营管理的结合与提升，是在企业文化的引领下，匹配公司战略、人力资源、生产、营销等管理模块的管理活动。

企业文化管理就是让全体员工共同参与到企业管理中来，使企业上下对企业的使命、愿景、核心价值观达成共识，然后通过相关的行为准则，贯彻于企业的战略、人力资源、品牌等各方面，从而系统地解决企业的核心问题。文化管理丰富了企业管理的文化内涵，提升了企业管理的文化品位，实现了企业管理的本质跃升。

企业梳理价值观，建立行为规范，完善制度，树立形象，这种企业文化从觉醒到自发的过程，属于文化建设阶段；企业文化体系形成之后，进行自觉的应用就到了文化管理阶段。从内涵来说，文化建设与文化管理属于企业文化的两个阶段；从外延上讲，文化管理涵盖了文化建设，文化建设是文化管理的一个组成部分。文化建设一定要走到文化管理阶段，才能把企业文化的效能真正发挥出来。从文化建设到文化管理是企业文化完成起飞与落地的一个完美过程，否则只有文化建设没有文化管理，相当于企业文化只有起飞没有落地，企业文化始终是空中楼阁、雾里看花。

二、文化建设的差异性

对于单个企业而言，企业文化建设、文化管理的对象就是它本身，对象具有唯一性，文化建设的形式、文化管理的手段也都是对该对象唯一适用的。而对于集团企业则不然。由于集团企业是由多个企业形成的企业集群，企业文化构建所面临的对象是多元的，再加之每个企业由于内外部环境的不同、历史的不同以及自身需求的相异性，各个企业在企业文化建设的形式、手段等方面有不同的诉求。因此，集团企业的文化建设要实事求是，具体问题具体分析，要有差异性，有个性。

具体而言，集团企业各分子公司的文化建设可以有如下方面的差异：

第一，文化建设的形式可以各有侧重。由于各分子公司的宣传平台并不相同，在文化宣传的形式上也不应追求统一。如网络不够发达的地方就没必要要求建立网络沟通平台；具备条件的企业，文化活动可以以演讲和文艺活动为主；文化建设已经较为出色的企业可以以内部总结和研讨为主；而文化建设还有较多不足的企业可以安排较多的外出参观学习。

第二，文化建设的重点可以也应该不同。各分子公司的企业文化建设应结合当地特色和自身管理特点，根据企业的具体经营实践有所侧重地开展，充分发挥企业文化的软实力。如企业可以根据自己的实际管理状况着重强调价值观，也可以重点宣传企业精神等。

第三，企业文化的执行层理念可根据企业所在地的地域文化、历史传统和经营环境的不同而不同，在不违背集团总部精神的前提下有所突破和创新。如在市场竞争环境较成熟的地区可以建立以市场为导向的企业文化，在企业文化建设过程中加入市场、服务、效率等因素，树立员工的竞争意识、效率意识，从而加强企业的适应能力和应变能力。

三、文化管理的统一性

作为一个企业集群要区别于其他企业，它仍需要具备一个统一的同时又能独树一帜甚至标新立异的东西存在，这就需要上升到文化管理层面。文化管理首先要强调共性，要有统一性，即要实现使命、愿景、价值观、企业精神和视觉识别系统（VI）的统一。但文化统一不是同一，统一性是指有共性和个性，在内涵、目标和方向上是保持一致的；同一是要求所有的东西一模一样，只有共性没有个性。如果完全实现同一，就很难发挥各子公司在企业文化建设上的积极性，就会产生文化冲突。

文化管理的统一应该包含两个层面，一是文化管理的方法和步骤应该统一，二是对企业文化活动管理的标准和制度要统一。具体而言，主要包括以下三个方面：

第一，统一文化管理的组织结构和组织制度。各分子公司应成立相关的对口部门，专门负责企业文化建设，接受集团总部相关部门的领导。同时，应该建立集团统一的文化管理组织制度，如奖惩考评制度、文化活动管理制度、档案管理制度等。此外，各分子公司应该重点加强制度的统一，尤其是制度执行标准的统一。

第二，统一使命、愿景、价值观及企业标识等企业文化的核心内容。使命、愿景、价值观是企业文化影响内部管理的核心要素，只有这些核心要素统一了，集团企业才能作为一个整体来建设企业文化，否则就是形散且神散。企业标识的统一是企业对外形象的统一，这也是品牌建设的重要部分。

第三，统一文化建设的步骤，如阶段性任务、目标和要求等。文化建设是一个长期的过程，需要分阶段进行，各阶段都应该有具体的目标和要求。只有保证目标和要求的一致，才能保证各分子公司“做正确的事”。如确定某段时间重点实施“落地工程”，要求在规定的时间内各分子公司应完成制度的梳理和价值观的讨论等。

如此看来，文化建设的差异性和文化管理的统一性实质上就是存在于一个矛盾中所体现的特殊性和普遍性。文化建设的差异性也只不过是具体问题具体分析，但如果一个集团企业只有差异没有统一，只有个性没有共性，就缺乏内在的战略联系，缺乏内在文化基因重合的部分，就集而不团。因此，从这一逻辑关系上讲，文化建设的差异性和文化管理的统一性适用于企业集群，其范畴的界定应当是在集团企业中。

第八章

法人治理

GROUP CONTROL

公司治理是企业最根源的层面，也是集团管控中最为重要的环节之一。

公司法人治理中，母公司不直接管理子公司，母公司必须在子公司的章程、董事会议事规则决策程序、专业委员会的运作等多个方面来进行预埋，明确各自权责，通过子公司的战略、组织等根源性的体系设计，将母公司战略输出到子公司的制度制定中去，对未来子公司运作中的功能和边界进行约束，起到事前控制的效果。这远比在子公司运营过程中通过对子公司操作事项的层层审批这种“事中干预”和通过审计、风险管理等事后分析和发现子公司运作过程的问题与纰漏的“事后控制”的效果要好得多。

集团企业的法人治理与单个企业法人的治理是不一样的，它包含了单个企业法人治理结构——三会一层怎么建立运作，但是它又具有集团企业的特点，它是多法人的，比如说总部的法人治理体系跟二级公司什么关系，总部也涉及自身的法人治理结构，所以有三层关系：一是总部自身的法人治理建立规范运作，二是下属企业的规范运作，三是两级法人之间的关系，集团企业法人治理研究的是这些关系。

二级公司单个的法人治理建立规范可归纳为“一章两制”。

“一章”是公司章程，用来规范股东、董事会、监事会、经营层、党组织、职工各自的权利、义务和责任，也就是要根据公司自身情况，用制度化的方式规范起来。各个公司的董事会职责权限、总经理职责权限有所不同，因此需要在公司章程里明确。比如法定代表人原来规定就是董事长，现在可以是董事长，可以是执行董事，还可以是经理，这些都需要在公司章程里明确。公司章程还应该明确对外投资总额、担保总额是董事会决定还是总经理决定等。

“两制”，一是治理制度，治理主体有董事会、经营层、监事会，还有党组织。它们各自的权利、责任、义务和议事规则在公司治理制度中间都要明确，而且制度之间要无缝衔接。企业应该结合自己的实际情况把董事会、党委会的议事规则明确下来。二是管理制度，主要是防范风险为主的内控制度。

综上所述，国企治理主要涉及出资方、董事会、监事会、经理层、党委会、职工共六大治理主体，法人治理在集团管控中的地位作用极其重要。完善法人治理结构，实质上是要通过一系列的制度安排或契约关系，来解决企业中存在的委托-代理问题，解决委托人和代理人之间的激励不相容，在这里主要是指企业所有人和企业经理人之间的激励不相容。

第一节　法人治理主要模式

集团企业法人治理结构的调整要想顺利进行，必须在战略决策的高效和满足各方利益之间取得平衡。有下面四种方案可供选择：

1. 子集团法人制

子集团法人制就是将二级子集团及其下属公司放在一起作为一个独立的法人。在这种法人治理结构下，二级子集团内部无其他独立法人。整个二级子集团作为唯一的独立法人，有利于子集团内业务的整合协调，但是子集团需承担内部所有业务单位的经营风险。

2. 下属公司法人制

下属公司法人制就是将下属业务单位分别作为独立法人。在这种法人治理结构下，各下属业务单位分别为独立法人，二级子集团为非独立法人，下属业务单位（独立法人）通过外包管理形式使用二级子集团的职能结构。由于各下属业务单位分别作为独立法人，因此对经营风险有较好的规避作用，但是这种治理结构有可能阻碍二级子集团对下属业务单位的正常管理。

3. 双重法人制

双重法人制是指整个二级子集团作为一个独立法人，同时下属业务单位也分别作为独立法人。在这种法人治理结构下，下属业务单位（独立法人）通过外包管理形式使用二级子集团的职能结构，同时，下属业务单位经营风险得到有效的规避。这种治理模式和第二种治理模式有着相似之处，同样有可能阻碍二级子集团对下属业务单位的正常管理。此外，双重法人制会造成双重纳税，增加企业的税赋负担。

4. 总公司法人制

总公司法人制就是指将整个集团公司作为一个独立的法人。在这种法人治理结构下，二级子集团及二级子集团以下不设独立法人，包含多个二级子集团的总公司为独立法人，二级子集团内无独立法人有利于二级子集团内业务的整合协调，但是总公司要完全承担二级子集团内所有债务与事故责任，不利于风险的规避。目前这种治理模式在国内还没有出现。

可以看出，集团企业的四种法人治理结构各自有着不同的特点，如表 8-1 所示。

表 8-1　四种法人治理方案的比较

方案	描述	优点	缺点
子集团法人制	● 整个二级子集团为一个独立法人 ● 二级子集团内部无其他独立法人	● 整个二级子集团为唯一的独立法人有利于二级子集团内业务的整合协调	● 二级子集团需承担内部所有业务单位的经营风险
下属公司法人制	● 各下属业务单位分别为独立法人 ● 二级子集团非独立法人 ● 下属业务单位（独立法人）通过外包管理形式使用二级子集团的职能结构	● 下属业务单位经营风险规避作用	● 有可能阻碍二级子集团对下属业务单位的正常管理

续表

方案	描述	优点	缺点
双重法人制	● 整个二级子集团为一个独立法人 ● 各下属业务单位分别为独立法人 ● 下属业务单位（独立法人）通过外包管理形式使用二级子集团的职能结构	● 下属业务单位经营风险规避作用 ● 有利于二级子集团内业务的整合协调	● 有可能阻碍二级子集团对下属业务单位的正常管理 ● 重复纳税
总公司法人制	● 整个集团公司作为一个独立法人 ● 二级子集团及二级子集团以下不设独立法人	● 包含多个二级子集团的总公司为独立法人，二级子集团内无独立法人有利于二级子集团内业务的整合协调	● 总公司完全承担二级子集团内所有债务与事故责任，风险较大

集团企业对于下属企业除了做好管控模式的选择之外，总部开展什么样的业务、规范什么样的功能都要加以科学设置。这样可以界定集团企业的管理边界，合理地划分集团总部和各分子公司的责权界面，以达到集权有度、分权有效的效果。这也就是集团总部定位，前文已有论述。

第二节　法人治理的议事规则与权力分配

设计集团企业的法人治理结构，最主要的目的之一就是合理分配股东、董事会、监事会和经理层的权力，形成相互之间的制衡关系，达成“交易安全、公平正义、高效”的价值目标。

集团企业层面的股东大会、董事会、监事会和经理层的权力分配如同一般的股份公司的各机构权力分配。

不同的公司对各机构的权力分配不尽相同。现在很多公司章程雷同，那是因为企业在注册时没有认真制定过公司章程，而是直接套用工商局的格式所致。公司章程是对公司各种经营管理做出的法律性规范，因此不同的公司对于股东会、董事会、监事会的职能规定不尽相同。

股东是出资设立公司并对公司债务负责的人。股东大会为最高权力机构，是全体股东聚集在一起决定公司投资计划、经营方针、选举董事与监事的非常设机构。《中华人民共和国公司法》(以下简称《公司法》）对一般性的股东会权力规定如下：

第三十六条　有限责任公司股东会由全体股东组成。股东会是公司的权力机构，依照本法行使职权。

第三十七条　股东会行使下列职权：

（一）决定公司的经营方针和投资计划；

（二）选举和更换非由职工代表担任的董事、监事，决定有关董事、监事的报酬事项；

（三）审议批准董事会的报告；

（四）审议批准监事会或者监事的报告；

（五）审议批准公司的年度财务预算方案、决算方案；

（六）审议批准公司的利润分配方案和弥补亏损方案；

（七）对公司增加或者减少注册资本作出决议；

（八）对发行公司债券作出决议；

（九）对公司合并、分立、解散、清算或者变更公司形式作出决议；

（十）修改公司章程；

（十一）公司章程规定的其他职权。

董事是由股东大会选举产生的，是公司最高经营代表，董事会代表股东会行使集团企业大部分决策权，《公司法》对一般性的董事会职权也有明确规定：

第四十六条　董事会对股东会负责，行使下列职权：

（一）召集股东会会议，并向股东会报告工作；

（二）执行股东会的决议；

（三）决定公司的经营计划和投资方案；

（四）制订公司的年度财务预算方案、决算方案；

（五）制订公司的利润分配方案和弥补亏损方案；

（六）制订公司增加或者减少注册资本以及发行公司债券的方案；

（七）制订公司合并、分立、解散或者变更公司形式的方案；

（八）决定公司内部管理机构的设置；

（九）决定聘任或者解聘公司经理及其报酬事项，并根据经理的提名决定聘任或者解聘公司副经理、财务负责人及其报酬事项；

（十）制定公司的基本管理制度；

（十一）公司章程规定的其他职权。

监事会是由股东大会选举产生，监督和检查公司财务状况及董事会业务执行状况的常设机构，《公司法》对监事会职权有如下规定：

第五十三条　监事会、不设监事会的公司的监事行使下列职权：

（一）检查公司财务；

（二）对董事、高级管理人员执行公司职务的行为进行监督，对违反法律、行政法规、公司章程或者股东会决议的董事、高级管理人员提出罢免的建议；

（三）当董事、高级管理人员的行为损害公司的利益时，要求董事、高级管理人员予以纠正；

（四）提议召开临时股东会会议，在董事会不履行本法规定的召集和主持股东会会议职责时召集和主持股东会会议；

（五）向股东会会议提出提案；

（六）依照本法第一百五十一条的规定，对董事、高级管理人员提起诉讼；

（七）公司章程规定的其他职权。

集团企业的经理是由董事会聘任的，对董事会负责，是集团企业日常经营管理工作的行政首脑。可以参照《公司法》中的相关条款对有限责任公司经理的职权进行规定：

第四十九条　有限责任公司可以设经理，由董事会决定聘任或者解聘。经理对董事会负责，行使下列职权：

（一）主持公司的生产经营管理工作，组织实施董事会决议；

（二）组织实施公司年度经营计划和投资方案；

（三）拟订公司内部管理机构设置方案；

（四）拟订公司的基本管理制度；

（五）制订公司的具体规章；

（六）提请聘任或者解聘公司副经理、财务负责人；

（七）决定聘任或者解聘除应由董事会决定聘任或者解聘以外的负责管理人员；

（八）董事会授予的其他职权。

公司章程对经理职权另有规定的，从其规定。

经理列席董事会会议。

第三节　法人治理的层级关系与管理

集团企业法人众多，管理层级复杂，很多人分不清法人层级和管理层级的区别。

法人层级是从法律意义上来说的，是经各级工商行政管理机关登记注册的企业法人，是具有符合国家法律规定的资金数额、企业名称、组织章程、组织机构、住所等法定条件，能够独立承担民事责任，经主管机关核准登记取得法人资格的社会经济组织。例如中粮集团是法人；中土畜进出口总公司是中粮集团的全资子公司，本身也是一个法人；而中国茶叶股份有限公司是中土畜进出口总公司的控股企业，也是一个法人；中国茶叶股份有限公司旗下又有浙江中茶贸易有限公司等法人实体。这样，中粮集团就构成了四级法人层级。

管理层级是从行政意义上来说的，是从企业最高一级到最低一级管理者之间设置的层级，可以分为集团总部、战略业务单元（子集团）、子公司/分支机构。集团总部核心的管理功能是进行整个集团的战略规划、控制和协调，财务预算和控制，高层管理人员的人力资源发展、业绩考核，大型投资项目的决策，以及战略业务单元的经营目标审核；战略业务单元核心的管理功能是进行战略业务单元的发展战略规划、监控实施与资源协调，战略业务单元的财务预算和控制，人力资源发展、绩效评定和激励，集团战略规划的实施和控制以及子公司/分支机构运作的管理和控制；子公司/分支机构核心的管理功能是进行具体业务的年度计划、预算及实施，战略业务单元的规划，业务运作的监控，以及业务人员的业绩考核和激励机制设计。从集团总部到分子公司管理层级降低的过程中，战略的侧重点逐渐减低，而经营的侧重点逐渐增加。

在集团企业中，管理层级穿插于法人层级中。例如，中粮集团的一个主管茶叶的执行副总裁，可能兼任中国茶叶股份有限公司的董事长，代表集团总部向中国茶叶股份有限公司的总经理下达战略指令，总经理安排给主管茶叶业务的副总，副总再把任务布置给他主管的部门经理，部门经理再传达给下属子公司的总经理……这样就形成了至少五级的管理层级，并在各法人层级中不断往下延伸。

从各级国资委对管理层级的规定来看，它们其实说的是法人层级的概念，而不是管理层级的概念。从集团管控的角度来说，集团总部这个层级一般作为宏观调控中心、战略管控中心和投融资决策中心，根据集团对管控模式的不同可能会有所不同；二级法人层级一般作为资源配置中心、业务决策中心、业务管理中心、利润中心等职能；三级法人层级一般作为运营中心，是执行层面。将各法人层级职能划分清楚，对各层级分清自己在集团中所处的位置、自身的职责，以及工作的开展是非常有益的。

在企业管理中，我们经常说到的“扁平化”，主要是指管理层级。下面的案例详细解释了法人层级和管理层级，以及组织对战略的传承作用。

北京汽车集团有限公司是由北京市人民政府投资，对原北京汽车工业集团总公司进行改制组建的国有独资公司，2010 年经北京国资委批准由北京汽车工业控股有限责任公司正式更名为北京汽车集团有限公司，旗下拥有北京奔驰、北汽福田、北京汽车、北京海纳川汽车部件公司等多个整车制造和零部件制造企业。2006 年以前，该集团的组织结构是三级法人层级，如北汽控股（集团总部）-北汽摩（二级法人）-北汽福田（三级法人），其组织结构如图 8－1 所示。

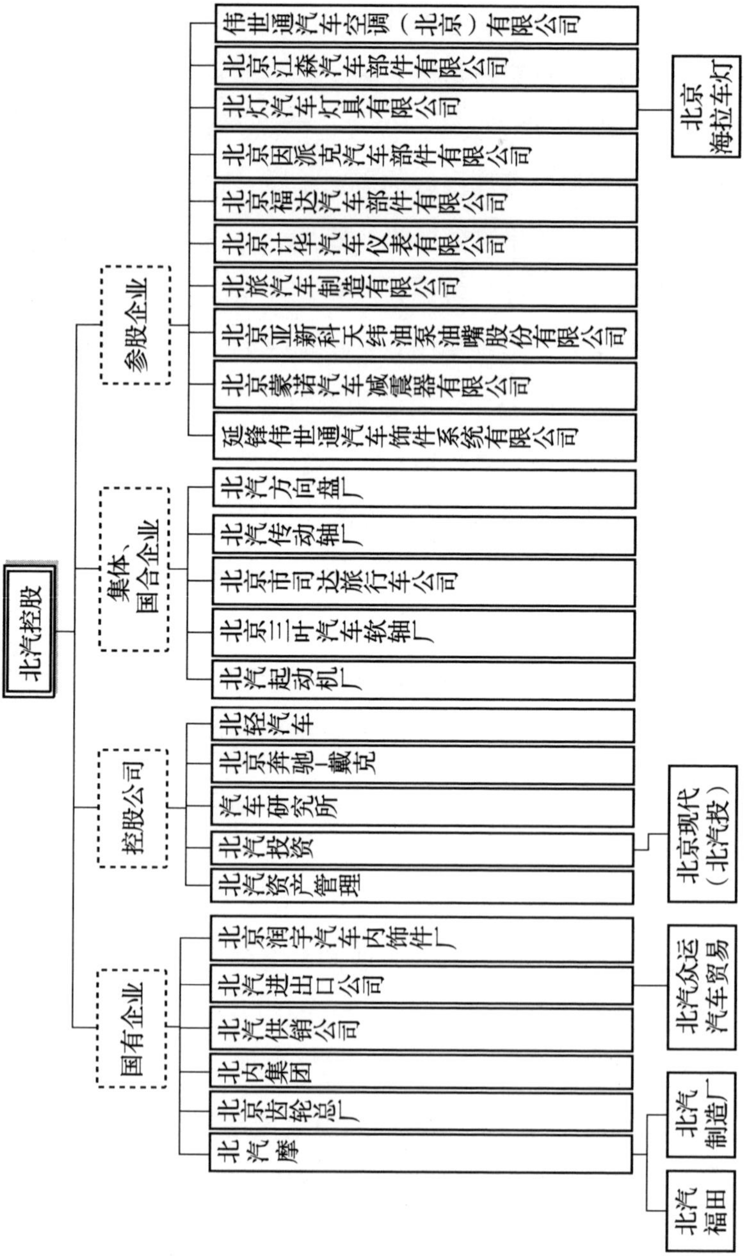

图 8-1 2006 年以前北汽控股的组织结构图

原有的三级法人层级导致管理层级较多，造成资源内耗、管理效率低下、企业发展缓慢。2006 年，北汽控股决策层根据集团化战略的发展思路，确定了“走集团化战略，实现跨越式发展”的战略构想，进行“十一五”规划，即规范法人治理结构、提高自主研发能力、完善汽车产业链、增强核心竞争力，构建整车、自主研发、汽车零部件、服务贸易、资产经营五大平台。战略决定结构，结构传承战略，战略的改变，使组织结构也相应进行了调整。北汽集团调整后的组织结构图如图 8－2 所示。

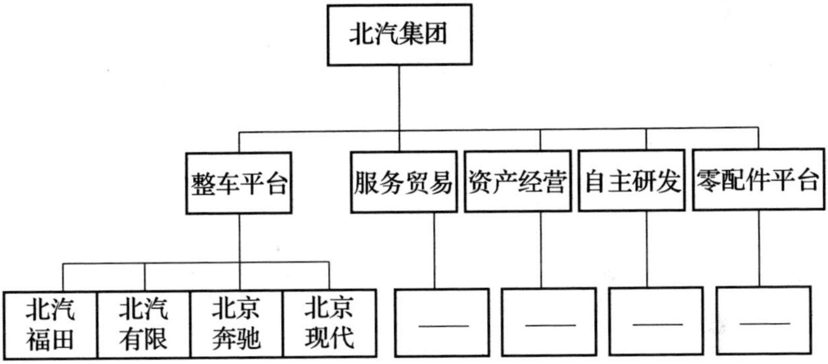

图 8－2　北汽集团目前的组织结构图

通过北汽集团组织结构图的改变可以看到法人层级和管理层级的变化。2006 年以前，北汽福田是第三级法人，要打造一个整车制造平台，三级法人层级和两级管理层级就冲突了。后来通过股份划转，北汽福田成为第二级法人，四大整车企业北汽福田、北汽有限、北京奔驰和北京现代形成一个整车平台，两级法人层级和管理层级就一致了。

法人层级和管理层级之间有紧密的联系，也有本质的区别，划分的角度不同，管理的着眼点也不同，在集团企业管理中要分清。

第四节 某集团管控法人治理案例解析

1. 集团法人治理结构变迁

1992—2004 年间为煤业集团从计划经济体制向市场经济体制转型的时期。这一时期，为了适应市场经济的要求，该集团推行了一系列改革措施，总体上看可以分为两个阶段。第一阶段是 1999 年前，改革的重点是转换企业经营机制，使企业由集权式管理走向分权式管理。具体措施包括：改变企业内部管理体制，实行二级单位模拟法人运转；改变企业内部经济运行方式，实行市场化管理；改变企业“大而全”的组织结构，推进煤与非煤分离，形成“三加一”管理格局。

第二阶段是 2000 年后，改革的重点为进行公司制改造，建立现代企业制度。1999 年 12 月 8 日，该集团有限责任公司正式挂牌运行。公司挂牌后，初步建立起了公司法人治理结构，并制定了相应的工作制度；制定了集团发展战略；调整了职能部门和业务系统的组织结构，推进了专业化重组工作；进行了深层次的产权制度改革，组建了上市公司。

1999 年 12 月之前，尽管经过几年的改革，企业内部管理体制和运行方式发生了很大变化，但整个组织结构基本没动。

集团仍然以国有生产经营型企业的治理结构运转。1999 年 12 月之前该集团的组织结构如图 8－3 所示。

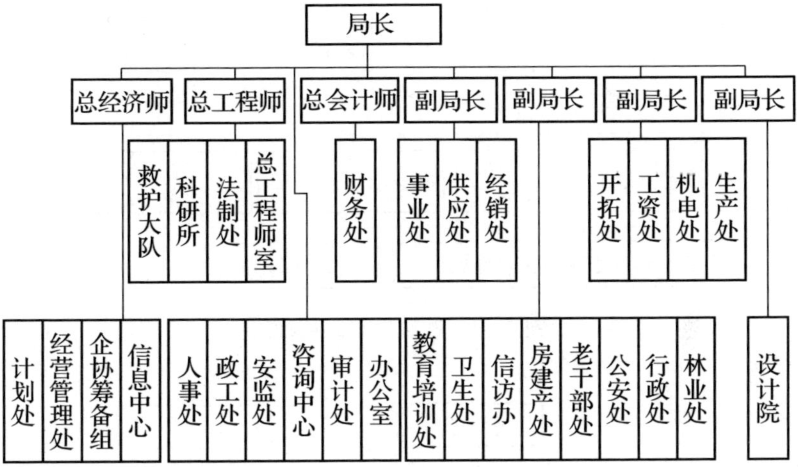

图 8－3　改制前组织结构图

以 1999 年 12 月集团企业挂牌为分界线，集团的公司治理结构发生了重大变化。首先是集团总部的改组。领导体制变了，按公司制要求建立起了集团企业法人治理结构；其次是总部的职能机构变了，将专业性的职能机构改组为综合性的职能机构，总部下属单位组织结构没有变动，改制后的组织结构如图 8－4 所示。

2002 年，集团企业按照专业系统，在集团内部组建了煤业、经贸、多经、后勤服务和精煤股份 5 大公司，将原来分块管理改为按专业系统的管理。这是该集团组织结构的重大改革，专业化重组后的组织结构见图 8－5。①

① 刘光文．开滦集团法人治理结构与管控系统研究．天津大学硕士学位论文，2005.

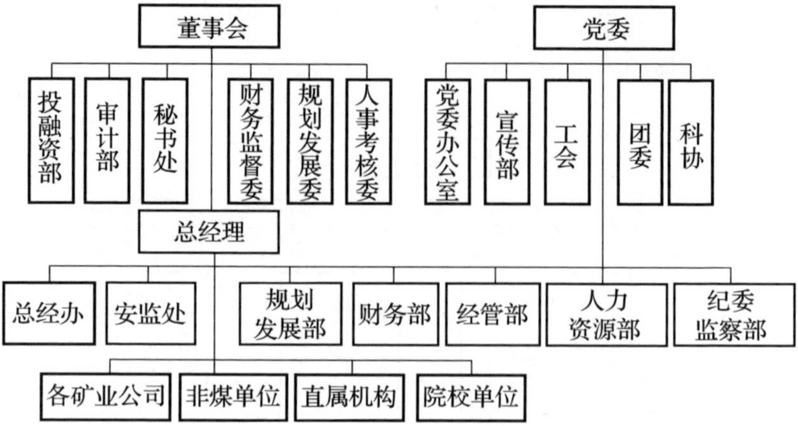

图 8－4　改制后组织结构图

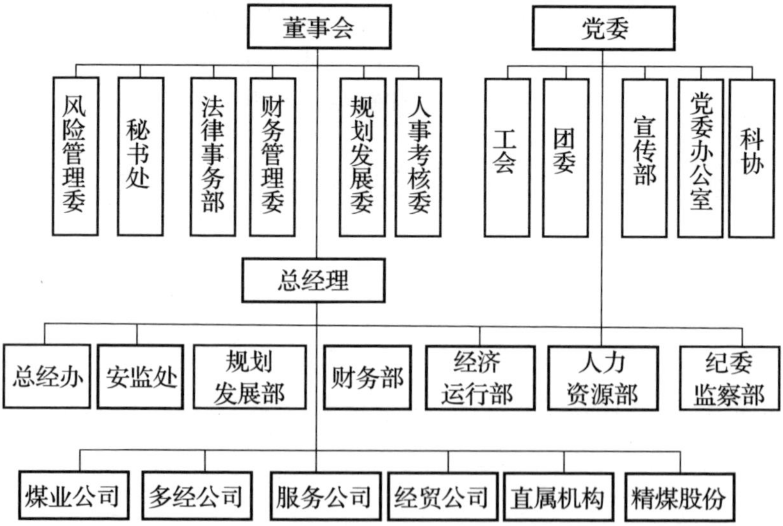

图 8－5　专业化重组后该集团组织结构图

2. 集团法人治理结构现状

1999 年 12 月经省人民政府批准，该集团有限责任公司正式挂牌成立。同时建立了法人治理结构，并开始运转。2002 年集团进行专业化重组，对法人治理结构成员进行了较大调整。目前，集团法人治理结构如图 8－6 所示。

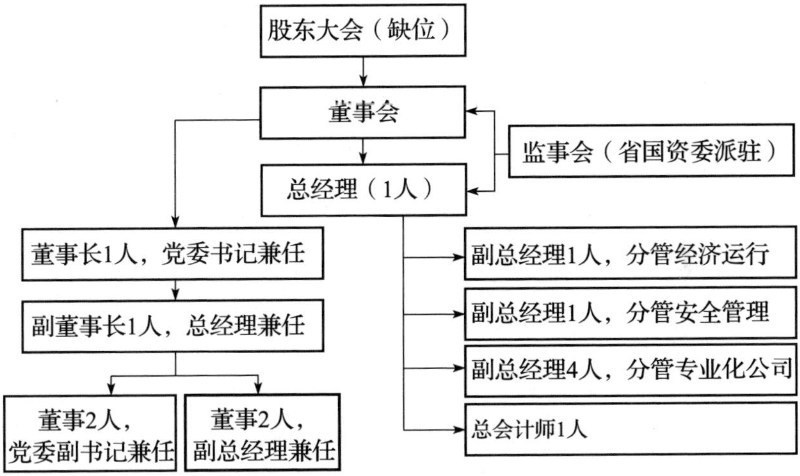

图 8－6　集团法人治理结构图

（1）股东大会。《公司法》第六十六条规定：国有独资公司不设股东会，由国有资产监督管理机构行使股东会职权。国有资产监督管理机构可以授权公司董事会行使股东会的部分职权，决定公司的重大事项，但公司的合并、分立、解散、增加或减少注册资本和发行公司债券，必须由国有资产监督管理机构决定。其中，重要的国有独资公司合并、分立、解散、申请破产的，应当由国有资产监督管理机构审核后，报本级人民政府批准。

（2）董事会及其专门委员会。集团董事会设董事长 1 人、副董事长 1 人、董事 4 人。集团党委书记兼任董事长，副董事长由集团总经理兼任，4 名董事中有 2 人由集团党委副书记兼任、2 人由集团副总经理兼任。董事会下设秘书处（战略研究部）、投融资部、审计部、法律事务部 4 个职能部门和规划发展、财务监督、人事考核 3 个专门委员会，3 个专门委员会为非常设机构。

（3）监事会。集团属河北省国有重点大型企业，其监事会由河北省国资委派入。根据《国有企业监事会暂行条例》，派入的监事会有以下四项职责：1）检查企业贯彻执行有关法律、行政法规和规章制度的情况。2）以财务监督为核心，根据有关法律、行政法规和财政部的有关规定对企业的财务活动及企业负责人的经营管理行为进行监督，确保国有资产及其权益不受侵犯。3）检查企业的国有资产运营情况。4）检查企业负责人的经营行为并对其经营业绩进行评价，提出奖惩任免建议。

（4）经理层。集团的经理班子由 8 人组成。其中，总经理 1 人，副总经理 6 人，总会计师 1 人。在副总经理中分管经济运行和安全管理的各 1 名，其他 4 名副总经理分别兼任煤业、多经、经贸、服务 4 个专业公司的经理。总会计师分管财务管理。在经理层下设一室五部，作为经理班子的职能机构。一室为办公室，五部为财务部、规划发展部、经济运行部、人力资源部、安全监察部。

第九章

集团管控的其他要素

GROUP
CONTROL

集团管控五大体系（战略管理、组织结构、责权管理、业绩评价和文化品牌管理体系）框架下，其他要素诸如集团企业的风险控制与内部控制、全面预算管理、人力资源管理、信息化管理、融投资管理等，对于集团管控也将形成重要支撑。

本章针对风险控制与内部控制、全面预算管理、人力资源管理、信息化管理、融投资管理分别进行阐述。

第一节　集团管控下的风险控制与内部控制

一、集团企业的风险控制

大型集团企业往往具有成员单位多、层级多、跨地域、跨行业经营、企业文化存在差异、管理水平存在差异、集团管控难度大等特点，这就更加突出了内控管理、风险管理对于集团企业的重要性。集团企业从法人治理结构、制度规范、业务、企业文化、员工素质道德等方面加强企业内控体系建设，对未知风险进行有效预防或对已知风险进行合理控制，是企业科学管理的重要体现。

适当化解集团企业风险管理的主要手段有：

手段一：以制度理财。通过建立完善的集团法人治理结构，搭建合理的股东会、董事会、监事会、经营层面法人治理机制，这种受托管理的机制能使管理落到实处，企业战略目标得到有效的贯彻实施。

手段二：用统一管理聚财。要把过去分散式的财务管理方式改变成为数据集中、财务账号大集中的核算模式。

手段三：抓龙头控财。在集团风险管控、财务管控当中，要牢牢把集团的资金管控手段抓在手里。目前，全球 500 强企业 95％以上都实行了财务大集中和资金的高度管控。

手段四：用指标来管财。推行全面的预算管理，集团企业的战略目标能够得到有效的实施，有效的实施使得企业的业绩符合投资者的要求，符合集团长期战略发展的需求。

作为集团企业，首先要确定一个战略，然后通过战略的执行、业务的运营、财务的控制、资金的监管以及商业决策等五大手段，在信息化支撑的平台上贯彻执行。这样全面风险管控机制、流程方能有效实施。

集团企业全面风险管控的解决方案有以下五个方面：

第一，通过全面预算来落实集团战略。绩效管控是全面预算的重要环节，要把集团的战略目标跟下属公司的绩效、部门绩效和个人绩效紧密挂钩。

第二，精细化的业务运营手段。

第三，通过集中的财务管控来化解、减少集团风险。

第四，资金管控。

第五，通过科学的商业决策平台实现决策监控。

集团企业的全面风险管控解决方案分别从事前控制、事中控制和事后控制，使集团企业内部的各项运营和管理始终处于全过程受管控的状态。

二、集团企业的内部控制

内部控制是大型集团企业管理的重要组成部分，它对企业资产的安全完整、会计资料的真实有效等都有重要的作用。所谓内部控制，其实就是公司为了保证其经营活动的正常进行、资产的完整安全、会计信息数据的真实可靠等一系列经营目标的实现，而对公司内部进行调整、约束、监督和评价的方法措施的总称。①

集团企业作为一种特殊的经济主体，更需要加强集团的内部控制，只有这样，才能实现集团日常经营运作的顺畅，才能保证集团经营目标的实现。

按照控制内容的不同，集团企业内部控制划分为一般控制和应用控制：

一般控制指对集团企业经营活动赖以进行的内部环境所实施的总体控制，亦称基础控制或环境控制。它包括组织控制、人员控制、业务记录以及内部审计等项内容。这类控制的特征，并不直接作用于企业的生产经营活动，而是通过应用控制对全部业务活动产生影响。

应用控制指直接作用于企业经营业务活动的具体控制，亦称为业务控制，如业务处理程序中的批准与授权、审核与复核，

① 刘文政．浅述集团公司内控制度建设．中小企业管理与科技，2009 (12)．

以及为保证资产安全而采用的限制接近等项控制。这类控制的特征，在于它们构成了企业经营业务处理程序的一部分，并都具有防止和纠正一种或几种错误的作用。

集团企业的内部控制是一个过程，受企业董事会、管理当局和其他员工影响，旨在保证财务报告的可靠性、经营的效果和效率以及现行法规的遵循。集团企业内部控制系统的设计，主要是确定控制目标，整合控制流程，鉴别控制环节，确定控制措施，最终以流程图或调查表的形式加以体现。

具体而言，集团企业内部控制系统的设计步骤或过程如下：

步骤一：确定控制目标

设计集团企业的内部控制系统，首先应根据集团企业经济活动的内容特点和管理要求提炼内部控制目标，然后选择具有相应功能的内部控制要素，组成该控制系统。集团企业内部控制的基本目标主要为：

- 维护财产物资的完整性；
- 保证会计信息的准确性；
- 保证财务活动的合法性；
- 保证经营决策的贯彻执行；
- 保证生产经营活动的经济性、效率性和效果性；
- 保证国家法律法规的遵守执行。

需要指出的是，以上六项目标均为基本目标或一般目标，在每项基本控制目标下，还可细化为若干具体控制目标。

步骤二：整合控制流程

控制流程，是依次贯穿于某项业务活动始终的基本控制步骤及相应环节。当企业的业务流程存在控制缺陷时，则需要根据控制目标和控制原则加以整合。

步骤三：鉴别控制环节

控制点按其发挥作用的程度而论，可以分为关键控制点和一般控制点。

步骤四：确定控制措施

控制点的功能，是通过设置具体的控制措施而实现的。控制的业务内容不同，所要实现的控制目标不同，相匹配的控制措施也不同。

通常情况下，集团企业的内部控制应该包括下列控制系统，如表 9－1 所示。此外，还应该将物流管理、人力资源政策等作为子控制系统加以设计。

表 9－1　集团企业内部控制系统

控制系统	子系统
信息处理控制系统	手工信息控制系统 计算机信息控制系统
货币资金控制系统	现金控制系统 银行存款控制系统
存货控制系统	采购控制系统 存储控制系统 领发控制系统

续表

控制系统	子系统
固定资产控制系统	固定资产购置控制系统 固定资产退出控制系统 固定资产折旧控制系统
成本费用控制系统	预算控制系统 工资费用控制系统 生产费用控制系统 产品成本控制系统
销售控制系统	销售（非托收承付）控制系统 销售（托收承付）控制系统
投资控制系统	短期投资控制系统 长期投资控制系统
财务成果控制系统	销售利润控制系统 营业外收支控制系统 利润分配控制系统

第二节　集团管控下的全面预算管理

作为企业内部管理控制的一种主要方法，全面预算管理自20世纪20年代在美国通用电气、杜邦、通用汽车等企业产生并运用后，很快在企业界得以推广。在经济发达国家，中型企业实行全面预算管理的比例达到90%以上，很多公司甚至直接将预算作为企业管理的工具和业绩考评的依据。

本章将完整地阐述全面预算管理的内涵、组织和流程，并就全面预算管理的实施和控制展开说明，希望读者能从中找到解决上述问题的良方。

一、全面预算管理的内涵和作用

集团企业具有规模优势，有跨区域、跨行业、不同产权组合的特点，在经营上，集制造、流通、科研、贸易和资本运作为一体，因而在管理控制上具有复杂性。全面预算管理作为一种事前控制手段，是集团企业的必然选择。

1. 全面预算管理的内涵

全面预算管理是利用预算对企业内部各部门、各单位的各种财务及非财务资源进行分配、考核、控制，以便有效地组织和协调企业的生产经营活动，完成既定的经营目标。从全面预算管理的定义中可以看出，预算实质是企业资源的第二次优化配置。全面预算管理是企业内部管理控制的切入点，全面预算管理的过程，就是战略目标分解、实施、控制和实现的过程。

2. 全面预算管理的组织

全面预算管理的组织分两个层面，一个是集团层面的预算组织，另一个是子公司层面的预算组织。这两个层面在预算组织中的地位和作用是不一样的。

（1）集团层面的预算组织主要包括预算管理委员会和预算管理工作组。预算管理委员会是全面预算决策层，通常由集团企业总经理任主任，成员由集团企业副总经理、部门经理、各子公司总经理组成，主要负责审批、签发预算管理制度，审批年度预算，实施年度预算考评，对重大例外事项进行调整和审批，预算仲裁等工作。预算管理工作组由集团企业财务部牵头，集团企业各职能部门组成，主要负责组织预算的编制工作，并组织各子公司和各部门执行预算及相应的预算跟踪、调整与考核等工作。

（2）子公司的预算组织和集团企业的预算组织是垂直设置的，也包括预算管理委员会和预算工作组，但是地位和职责不同。子公司的预算管理委员会是子公司预算管理的最高权力机构，由子公司总经理任主任，子公司副总经理、部门经理组成，其主要负责审批年度预算，实施年度预算考评，预算仲裁等工作，重大例外事项向集团企业申请调整和审批，一般例外事项自行调整和审批。子公司预算管理工作小组由子公司财务部牵头并由各职能部门组成，主要负责组织预算的编制工作，并组织各子公司和各部门执行预算及相应的预算跟踪、信息反馈、预算调整与考核等工作。

（3）集团预算组织和子公司预算组织的关系。集团预算组织要对子公司预算组织进行有效管理，它们之间的具体关系是子公司预算管理委员会在集团企业预算管理委员会指导下，采用同一预算导向、同一预算规则编制预算，接受集团企业的检查和考核。集团企业预算管理工作组对子公司预算管理工作小组进行指导和审核，对子公司预算管理执行进行跟踪、检查和信息反馈，以及对预算结果进行考核。集团企业公司职能部门对子公司对口职能部门的预算编制进行指导和审核。子公司职能部门预算执行情况要向上一级职能部门进行信息反馈。

可以看出，集团企业的预算组织对子公司的预算组织的领导是一一对应的关系，集团企业的预算管理委员会和预算管理工作小组分别对应指导、检查和考核子公司的预算管理委员会和预算管理工作小组，而子公司的预算机构则要相应地进行信息反馈和汇报。从集团预算组织和子公司预算组织的关系可以看到集团对子公司在预算组织上的管理和控制，这种管理和控制是集团管控的重要组成部分。

3. 全面预算管理的流程[①]

预算管理是预算编制、调整、执行、分析和考核过程的总称，这个过程反映了预算的程序性。全面预算管理的流程如下：

(1) 预算编制。母公司董事会责成预算管理委员会根据预算年度经营目标及相关制度确定各子孙公司年度预算目标，下达给各子孙公司，并要求编制其独立的全面预算；子孙公司预算部根据母公司要求进行目标分解，在本企业部门预算基础上编制预算草案并上报母公司；母公司根据子孙公司的预算草案形成合并预算，并将预算草案审批形成预算法案下达给子孙公司分解执行。

(2) 预算调整。理论上看，预算调整与预算编制程序并无区别，只是最先提出者不同。编制遵循自上而下、自下而上的原则；调整则遵循自下而上、自上而下的原则。但由于权限的

① http://www.dongao.com/gaoji/lunwen/201501/214548.shtml.

不同，对不同的调整项目应当明确审批的标准。

（3）执行、分析与考核。各独立预算主体的执行部门负责预算执行。子孙公司根据经营期的实绩与预算的差异提出评价意见和激励要求，报母公司审批。母公司分别根据各子孙公司的差异确认评价标准，进行有区别的预算分析考核。

二、全面预算管理的实施与控制

1. 预算的分解与下达

在编制完预算之后，接下来就要将预算分解和下达。5 年以上的是长期预算，主要是企业层面的战略目标和战略价值的制定。3～5 年的预算分解到每季度，内容主要是战略计划的确定。年预算分解到月，内容为年度预算周期内企业、商业单位、部门等的操作预算和资金预算。月预算分解到每天，内容为销售预测和采购计划的排定。可以看出，预算的制定依据是公司的长期战略计划，而预算最终要分解到各业务部门。这个过程逐步被细化，时间期限也越来越短。

2. 预算的调整

预算的调整是指预算前提发生重大变化，某些预算指标要重新分配、归并或修正，从而对预算指标进行调整的过程。预算调整是在已有预算项目之间的调整。预算调整的动因主要有 3 个：市场需求变化、内部资源变化和临时预算。

（1）市场需求发生变化，应该相应调整预算。因为制定预算和实施预算之间存在时间差，实际情况有可能发生变化。

（2）企业内部资源发生变化，应该相应调整生产经营预算，并适当调整预算目标责任。

（3）临时预算。当发生一些临时事件时，需要增补临时预算。如各种突发事件，包括自然灾害、集团企业核心决策层的追加任务等。

预算调整一般是较大范围的，所以应履行制定时的程序，对责任中心预算执行情况必须进行监督和管理，对影响公司资金的内容和其他重要内容要进行适时监控，对于次要内容可进行定期监控。预算的调整程序包括申请、审议和批准3个步骤。由预算执行单位提出书面申请，预算决策部门进行审议，审议后决定是否批准。

3. 预算考评

预算考评是对企业内部各级责任部门或责任中心预算执行结果进行的考核和评价，是管理者对执行者实行的一种有效的激励和约束形式。在预算管理体系中，各上一级预算单位均作为下一级预算单位的考评主体，同时强调各级专业部门进行层层专业考核。预算制度的正常运行必须建立在规范的评价和考核的基础上。通过评价和考核，可以客观评价责任中心预算执行情况，同时也可以发现问题，在下一轮的预算管理中进行修正。

预算考评要遵循“三公”原则、时效原则、分级考核原则、目标原则、激励原则、例外原则。

预算考评一定要坚持公开、公正、公平原则，即以客观事实和预算完成情况为依据，进行奖罚；同时注意及时性，商业企业每月、季、预算年度都要召开例会，对当期经营中存在的问题进行汇总、分析、解决，并预测剩余预算完成的可能性。整个预算期结束后要由各责任单位提出书面预算报告，认真分析各自完成情况，公司进行及时汇总分析。重点要分析预算执行的结果到底是怎样形成的，根据完成情况确定责任主体的管理责任如何落实，如何对其进行奖罚。

第三节　集团管控下的人力资源管理

为实现人力资源管理全部日常事务性和部分行政事务性工作的集成化、标准化、流程化管理，统一资源投入、统一政策标准，降低运营成本，集团企业应推行人力资源共享服务体系建设。建立涵盖人员招聘、培训、职称评审、交流轮换、薪酬福利、人事信息及档案管理等方面的共享服务。同时利用商务运作平台，实现人员派遣、人员培训等人事业务的共享管理。通过后勤服务与保障体系建设实现对医疗体检、心理疏导、退休人员管理等业务的集中统一管理。

在集团企业并购重组后，新的集团企业目标明朗化还需要时间，统一的管理系统在过渡期不甚清晰，各种不稳定因素会导致员工，特别是被并购方员工的恐慌、焦虑和压力。并购给员工带来了巨大的心理冲击，员工心绪不宁、角色模糊以及由此产生的对未来的不确定感在整个企业中弥漫和扩散。在这种心理状态下，员工对企业的信任度降低，自我保护意识增强，有可能导致一系列的负面行为，由此引发了核心人员问题、员工心理、工作稳定性、信任度等一系列的人力资源整合问题。

一、某金融集团：组织结构调整下的现代人力资源模式

某金融集团作为一个成功的企业，其业绩与成就是无可争议的。但是，由于历史的种种原因，它目前存在的现实问题同样不容忽视，公司面临的问题与挑战十分严峻。

归纳起来，问题分为以下五个方面：

1. 战略层面明显弱于策略层面

该金融集团脱胎于区属开发企业，基于完成政府任务与实现公司目标的潜在矛盾，在公司发展战略规划方面，尚没有形成统一、清晰的认识与定位。由此造成运营缺乏远期规划，经营愿景模糊，忙于实现近期经营利益的现状，从而无法（或不得已）站在长远发展的角度，有效配置公司内部资源，也就不能为公司的远期发展在目前提供充分的资源准备，这必将影响到公司核心竞争力及可持续发展能力的确立。同时，由于公司缺乏在发展战略方面的规划，也影响到公司内部管理，造成内部经营政策难以协调一致，极易出现阶段性变化，或是较大的摇摆性，难以为公司的快速成长提供持久强大的助推力。

2. 组织结构、职责权限划分不清晰或不尽合理

该金融集团组织结构的最大问题在于部门职责不清，业务流程不够明晰、顺畅，造成整个组织结构条块分割，无法形成

一个具备组织协调性的系统，缺乏可运行的“管理生产线”。它的组织结构既不支持企业的经济目标，似乎也不支持企业的权力目标，更像是许多独立组织的功能组合。由于缺乏工程管理方面的成功模式，公司工程部门的工作难以从整体上进行协调，无法形成合力，造成项目运行节奏混乱，部门间以及部门内部的协同效应不明显，出现大量重复劳动、无效劳动。职责划分不明确，权限安排不尽合理，造成项目运行在某一环节失控，影响到整体运行，最终可能影响到公司合同履约，伤及公司信誉。

3. 业务流程设计不尽合理，运行控制不力

公司主要的业务关系没有理顺，缺乏总体控制模式，项目运作现状堪忧。由于项目在计划制定下达后，基本处于自主执行的状态，通过会议形式临时协调，难度较大。各单位之间的业务流程模糊，实现公司目标的产业链缺少必要的环节，或者说这些环节公司并没有掌握而是被一些个人所拥有。经调查发现，不仅是公司职能部门之间，公司与下属项目单元之间都没有清楚的业务流程关系。各单位之间缺乏合理明晰的业务流程图，也不能明确自己的求助网络和日常服务对象。

4. 公司人力资源模式的构建不完善、人才开发机制不健全

从形成核心竞争力的观点看，公司人才开发机制不健全。无论是提升经营能力还是寻求新的经济增长点，人力资源开发都是关键环节。但是，和一般企业的情况相类似，该金融集团内部人力资源开发工作的职能发挥尚不到位。所以，其人力资

源开发系统职能存在局部缺失的现象。

5. 管理与控制技术无法满足改革与发展的要求

从管理层面上看，该金融集团目前没能确立起一种良性的创新授权机制，部门授权范围不清，协调功能尚待改善，出了问题往往要由董事长出面协调解决。大量的例外事项过多地牵扯了高管的精力，使之无法专注于公司战略层面的思考、规划与督导。

从组织功能上看，公司的管理流程没有打通，职能部门和业务部门之间的关系没有理顺。业务部门的设置、职能定位、权责体系的界定没有围绕公司业务流程和价值链展开，没有建立起对业务流程顺畅运行的保障机制和风险防范机制，这不仅会增加组织运营成本，也会阻碍甚至扭曲经营管理信息的传递，破坏组织运行效率。

从激励机制上看，该金融集团的岗位工资的确定缺乏科学的依据，没有有效反映不同职位的职责和任职资格的不同；公司未能科学地根据工作性质差异划分职系；奖金的分配以部门考核结果为依据，缺乏量化考核基础，容易造成“大锅饭”现象；员工看不到未来职业生涯发展方向；员工的升迁异动缺乏具体明确的标准和程序，存在依靠资历和群体属性获得提拔的现象；公司中培训和发展的机会不足，培训机会的激励作用不明显。

从绩效考核上看，公司对经营单位的考核评价体系缺乏系统思考和理念牵引，只有对结果的衡量指标，没有对过程进行控制和对行为进行导向的指标；考核陷入了“一刀切”的错误方式；考核指标、考核侧重点和考核方式没有反映部门本身的特点和现实，没有支持其未来的发展；职能部门管理人员的考核缺乏量化指标，往往流于形式；职能部门的考核没有有效地区分其服务职能和管理职能；对中层干部的考核周期太长；有考核无反馈，考核不能和教育培训、薪酬奖励、升迁异动挂钩的现象突出。

从人力资源规划上看，公司在管理中缺乏系统的人力资源规划，对员工的使用尚不能适应企业发展的需要。现代企业的发展更多的是依靠人力资源的开发，管理水平的高低将直接影响公司的未来发展。调查发现：公司目前人员配备不尽合理，员工工作积极性不高，主动性不强，未能充分发掘员工潜力，人员的结构性障碍造成项目运作平台较低，开发与管理质量和效益受到威胁。

通过上述归纳的 5 个问题不难发现：该金融集团所面临的是系统性的问题，公司面临的问题是有内在逻辑关系的。如果公司在战略和管理优化层面不能找到突破口，而且不能根据市场化和业务发展的要求适时调整其组织与人事机制的话，其发展优势必将在几年内快速递减并逐步丧失。因此，基于集团组织结构调整，建立一个现代人力资源管理模式迫在眉睫。

第四节　集团管控下的信息化

集团管控一直是大型集团企业的管理难题。集团企业的层级多、规模大，在运行过程中很容易出现“大企业病”，内部沟通效率和资源利用效率不高，不能突破规模墙的限制，获得持续高速成长。

随着信息技术的成熟，在企业中技术已经不再是难题，对于集团企业来讲，管理的融合最为重要，而技术只是帮助集团管理的一个重要工具。例如，一些比较有名的集团企业，每年的IT投入很大，信息化项目也比较多，它们认为企业在应用了某些功能齐全的集团企业信息化产品后，就能够整合资源，达到集团管控的目的了，然而从实际的角度来看并非如此。

近年来，在各集团企业内部，构建了多个业务管理系统，应用范围涵盖人力资源、采购、财务、生产等业务，可以说业务部门与管理职能部门对信息化的依赖程度正在不断增强。但在强调集团管控、共同应对市场竞争的发展环境下，业务单元级信息化发展难以满足要求。因此，建立一套可遵循、科学的集团管控体系及支撑管控的信息系统尤为重要。

一、集团管控信息化建设步骤

集团管控下的信息化建设，离不开“四步曲”。①

第一步，从集团发展战略到信息化战略的映射、落地，以

① http://www.enet.com.cn/article/2010/0126/A20100126604179.shtml.

加强信息化战略管理。

第二步，建立集团管控体系，提升集团信息化执行力。在集团层面，由上到下将 IT 团队、IT 思路形成一个体系，提升信息化的执行能力，确保整体的集团业务落到实处。

第三步，一个成熟的集团企业，必须有自己的信息化标准体系，也为集团信息集成共享打好基础。

第四步，抓好集团层面的项目建设，应用集成的创新，形成整体的融合、集成和创新。

集团管控下的信息化体系按照这四个步骤一步步建立起来，信息化一定会成为集团管控的有力工具，照亮企业发展之路。

二、三种集团管控模式下的信息化建设特点

从目前来看，中国大多数集团企业都处在一个转型时期，例如从以要素扩张为主的发展类型向更加高效的方向转型，从产业链的低端向高端升级等。这个时候的集团企业基本上早已经开展了信息化建设，绝大部分集团企业当前信息化的主题应该是纵向的深化应用和横向一体化整合。

纵向的深化应用是把企业的业务链条联通起来，比如前段业务和后台管理的衔接；横向一体化整合是指集团各成员企业之间如何实现集中管控和资源共享。

信息化建设必须要能够适应集团企业复杂的管理需求，要与集团的管理方式相契合，这首先就要理清企业的管理定位和方式，针对具体的管控要求来采用合理的信息化建设模式。在

这个前提下，不能简单地套用某种信息化模式，而是要灵活地根据具体情况进行合理的选择。

集团总部对下属企业的管控，按照总部的集分权程度不同可分成运营管控型、战略管控型、财务管控型三种不同的模式。在三种集团管控模式下，集团总部和所属企业的各自职责不同，集团管控的战略意图差异较大，信息化建设模式因此具有较大区别。下面分别针对这三种集团管控模式，分析信息化建设的特点。

运营管控型集团企业的集团总部作为生产运营指挥中心，需要通过统一建设的应用系统分配工作任务，了解各企业生产运营状况。集团高层和业务归口管理部门不仅关注来自所属企业的财务、运营状况等信息，也要从生产、营销等日常管理等业务中获取决策数据。这些要求如果没有统一建设和管理的应用系统，由各所属企业自行建设的话，势必造成信息上传下达不畅，导致管理脱节。这类集团企业的信息化可以采用集中式管理模式。集团总部牵头统一建设各类管理系统和业务应用系统，通过管理集中、应用集中和数据集中，实现信息资源的整合和优化，增强集团企业的资源利用效率和业务协同能力。各所属企业只用建设和管理自身业务特色的系统，核心业务系统不需要单独建设，只需要按照集团总部的要求进行部署和应用。例如，几大著名电力公司和电信公司，基本上都统一建设了ERP、CRM 系统和企业管理平台。

战略管控型集团企业的集团总部作为战略决策和投资决策

中心，关注所属企业的财务和经营状况，不关注日常生产和经营的业务细节。集团管理层更侧重于从宏观上了解所属企业的状况，这就要求集团总部有获取所属企业管理数据的信息化系统，及时获取决策数据。战略管控型集团企业的各下属公司往往业务相关，但业务领域又不完全相同，集团总部没有能力也没有必要统一建设业务系统。依据集团整体规划，各下属公司可独立安排各自业务系统和管理系统的建设，构建各产业链纵向一体化的业务体系，下属企业之间通过集团统一建设的内部资源共享平台进行资源共享和交流。这种集团企业的信息化模式可称作统分结合管理模式。

财务管控型集团企业的下属企业往往业务关联不大，集团总部仅作为投资决策中心，并不关心企业的具体生产运营情况。这种集团企业的信息化建设主体是各下属公司，不做详细分析。

以上对各种管控模式下的信息化建设方式进行了分析。对于不同管控模式的集团企业来说，选择合适的信息化模式，保证信息化方向正确，是信息化成功的基础和前提。

第五节　集团管控下的融投资

一、融资管控

为了保持合理的资本结构，控制因融资不当而带来的融资风险，集团总部应严格进行融资管控。具体工作主要有以下两个方面，见图 9－1。

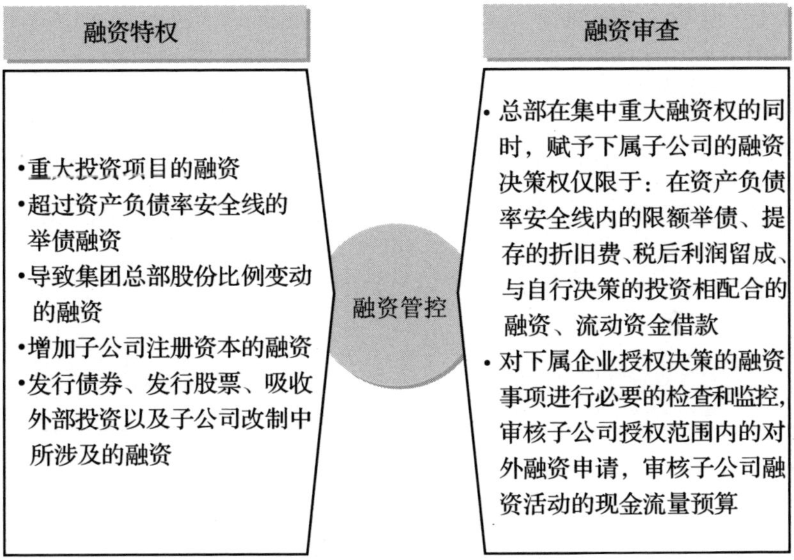

图 9－1　集团财务融资管控

在集权式的融资管理模式下，集团下属分子公司不得擅自对外举债和吸收外部资本，集团总部财务部应高度集中对外融资管理权，应承担的管理职责具体如下：提出发行债券、发行股票、吸收外部投资等重大融资事项的方案，严密监控集团资产负债率和借款风险；制定集团对外担保管理办法；对下属分子公司自行决策的融资事项进行必要的检查和监督，审核下属分子公司授权范围内的对外融资申请，审核下属分子公司融资活动的现金流量预算，并汇总编制全集团融资活动的现金流量预算，实施负债总量控制和资本结构调整优化。

二、投资管控

集团投资和下属分子公司投资应纳入集团财务战略计划，集团总部应牢牢控制对集团发展结构与控制结构产生直接或潜在影响的投资管理权以及例外投资项目的处置权。具体工作主要有以下两个方面，见图 9－2。

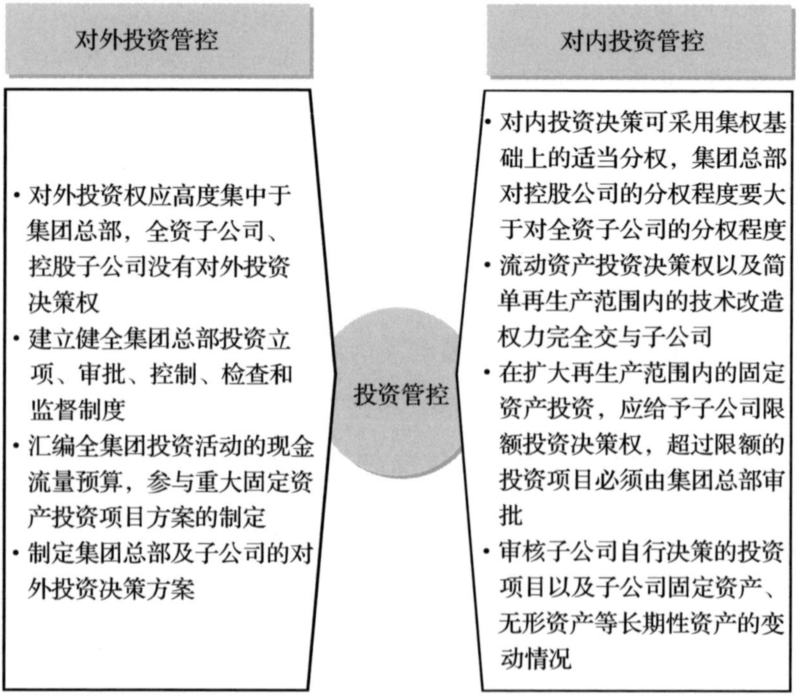

图 9－2　集团财务投资管控

集团总部投资管控的主要职责有：建立健全下属分子公司投资立项、审批、控制、检查和监督制度；汇编全集团投资活动的现金流量预算，参与重大固定资产投资项目方案的制定；审核下属分子公司自行决策的投资项目及下属分子公司固定资产、无形资产等长期性资产的变动情况；会同规划发展部门制定集团企业及其下属分子公司的对外投资决策方案。

第十章

金控集团的管控

GROUP
CONTROL

国内金融机构包括以下几大类：

一是中国人民银行（央行）和国家外汇管理局；二是监管机构：中国银行保险监督管理委员会及中国证券监督管理委员会；三是银行业存款类金融机构，如银行、城市信用合作社（含联社）、农村信用合作社（含联社）、农村资金互助社、财务公司等；四是银行业非存款类金融机构，如信托公司、金融资产管理公司、金融租赁公司、汽车金融公司、贷款公司、货币经纪公司等；五是证券业金融机构，如证券公司、证券投资基金管理公司、期货公司、投资咨询公司等；六是保险业金融机构，如财产保险公司、人身保险公司、再保险公司、保险资产管理公司、保险经纪公司、保险代理公司、保险公估公司；七是交易及结算类金融机构，如交易所、登记结算类机构；八是金融控股公司；还有一类是新兴金融企业如小额贷款公司、第三方理财公司、综合理财服务公司等。

鉴于中国目前机构监管的特征，各金融机构的准入、业务审批等均受限于其监管上级，由具体的司、局、部（委下面的部）进行管理。

有别于一般集团企业，金控集团企业当中主营业务因涉及上述金融业务，因而成为集团企业研究的一个特殊门类。①

① 仁达方略管理咨询公司．金融控股集团的管理．北京：中国财富出版社，2018.

第一节 金控集团组织结构的特殊性

针对各类金控集团组织变革案例研究发现，金控集团的组织结构总是服从于集团特定战略发展阶段需要，并且根据外部竞争环境变化适当调整。根据集团特点可将金控集团的组织结构分为 3 种。

一、汇丰控股——纯粹型金控组织

汇丰控股于 1991 年创立，总部设于英国伦敦，是汇丰集团的控股公司，是全球规模最大的银行及金融服务机构之一。2019 年 12 月，汇丰控股的市值达 1.19 万亿港元（港股）、1 493.82 亿美元（美股）。汇丰控股业务根基深厚，遍及全球六个地域，在欧洲、亚洲、中东和北非、北美洲及拉丁美洲的 87 个国家和地区共设有约 7 500 个办事处。

汇丰控股董事会下设 5 个专业委员会，包括审核、薪酬、提名、集团管理、企业社会责任委员会（见图 10－1）。董事会负责制定集团发展战略规划，审批管理层制定的年度实施计划及一些重大事项，包括内部监控程序、高层人员的任命、价值超限额的收购及出售、资产负债管理政策上的任何重大变化等。

汇丰控股集团总部下设 13 个职能部门，包括运营（科技资讯）、资源、集团物业（财产）、采购、保安事务、集团秘书处、公司事务（公共关系）、信贷与风险、财务计划、人力资源管理、内部稽核、法律及合规、市场推广，为业务发展提供全面管理保障服务。

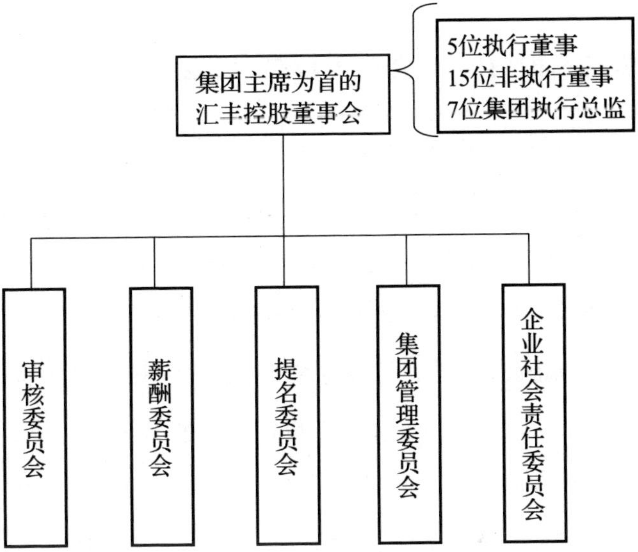

图 10-1 汇丰控股组织结构

资料来源：汇丰控股官网。

汇丰高管层由董事会任命的 29 位集团总经理组成。总经理兼任主要附属公司行政总裁、按各客户群分类的业务线主管、集团保险业务主管或集团总部各职能部门的主管。所有业务部门主管均须向集团管理委员会汇报，集团管委会则须向集团主席或行政总裁汇报，集团行政总裁、内部审计总经理、集团公司秘书、董事会顾问负责向集团主席报告。

汇丰控股这种纯粹型金控组织结构的基本特点如下：集团

母公司单纯控股，不干预子公司具体业务经营；总部负责制定战略规划，从整体上把控集团发展方向；负责并购、转让、子公司股权结构变动等事宜；协调集团内部资源。此外，子公司经营范围覆盖证券、保险、银行等众多金融领域。

二、德意志银行——全能银行型金控组织

德意志银行股份公司（Deutsche Bank）简称德意志银行，是德国最大的银行和世界主要金融机构之一，总部设在法兰克福。德意志银行采用全能银行型组织结构，接受并服从在柏林的联邦金融管理局监管，也受德国银行法的支配。

作为一家股份公司，德意志银行设有监事会和代表大会履行监督职能，审计并批准董事会的利润分配方案，监事会 20 个成员中的 10 人由股东代表选举产生，其余 10 名是银行的员工。银行股东代表大会相当于银行股东的议会，负责倾听董事会的业务报告，决定利润分配、资本变更和董事会的组成。

为适应全球业务竞争，德意志银行集团设立集团执行委员会作为最高管理机关，将业务结构划分成四个部门：私人/零售银行业务部、商业与机构银行业务部、投资银行业务部、集团服务部/参谋部。每个部均设有一个部委会，由集团级高级主管担任领导，处理日常业务，管控四个业务部门（见图 10 - 2）。

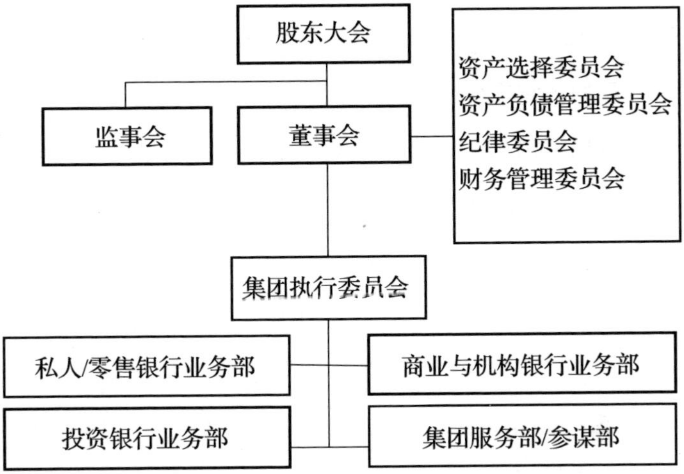

图 10-2 德意志银行——全能银行型组织结构

三、中信集团——超级产融结合型金控组织

中国中信集团公司（CITIC Group）简称中信集团，1979年创办，发起设立中信股份。2014 年 8 月将中信股份 100%股权注入香港上市公司中信泰富，实现了境外整体上市，发展成为一家国有大型综合性跨国央企集团，列世界 500 强第 156 位(2016)。业务涉及金融、能源、制造、工程承包、房地产和其他服务业领域。

中信股份是香港恒生指数最大成分股之一。截至 2016 年底，中信股份总资产达 72 380 亿港元，营业收入 3 808 亿港元，归属于普通股股东的净利润为 431 亿元港元。

中信集团业务主要集中在金融业、实业和其他服务业三大领域，形成了以金融为主、产业为辅的金控集团超级产融结合发展模式，成为国内非常典型的金融资本向产业资本渗透的成功代表、超级产融结合的领跑者。

金融业是中信集团重点发展的业务，其资产约占公司总资产的81%，主要由商业银行、证券、保险、信托、租赁、基金、资产管理、期货等金融机构或金融业务组成。实业在总资产中约占18%，涉及信息产业、基础设施、能源、房地产等行业领域。

中信集团历经多年一系列的业务兼并重组之后，逐渐形成以金融子集团和非金融子集团为核心的金控组织体系。其中，金融子集团主要包括银行、证券、保险、信托、资产管理、基金、租赁等业务；非金融子集团则涉及房地产基础设施与区域开发业务、工程承包业务、资源与能源业务、制造类业务、信息产业、商贸与服务业等领域。

中信集团金融板块在超级产融结合模式下，通过银行、证券和期货等分支机构资源整合共享，统一客户服务中心、灾难备份中心、中信金融网、金融移动平台、证券集中交易系统、信托综合账户系统、基金业务系统等子系统的搭建，发行中信“金融通”，利用中信金融网，开展集银行、证券、保险、基金、信托、港股交易为一体的综合金融服务，开发中信“金融通”、中信贵宾理财、中信金融账户通等交叉产品，实现两大子集团产融结合和金融业内部战略协同高效发展。

中信集团在中国香港、美国、加拿大、澳大利亚等地拥有44家子公司（银行），在东京、纽约设立代表处。

第二节　国内金控集团管控的要点

一、金控集团管控模式

金控集团运营过程中，将不可避免受到行业特点、组织规模、发展战略、企业家领导风格等因素影响，其管控模式的选择主要考虑如集分权、集团领导的管理要求、多种经营化程度、业务的国际化程度、领导风格、经营业务重点、日常生产经营管理事务比重等因素，其中集分权方式对管控模式选择影响最大（见图 10－3）。

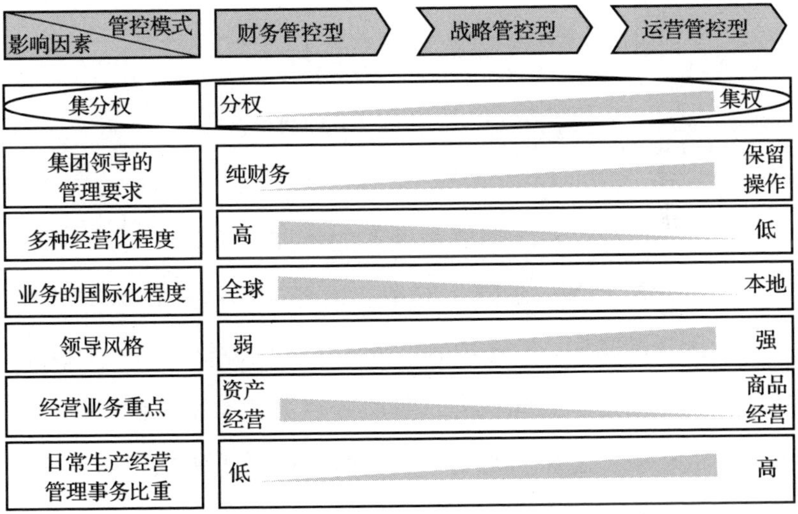

图 10－3　管控模式选择主要考虑因素

资料来源：仁达方略数据库。

此外，还要考虑金控集团所经营的业务在整个集团所处战略地位、资源相关性和发展阶段，据以选择最适合的管控模式（见图 10－4）。不存在一个“标准或万能”的“最佳”模式，金控集团的管控模式还将随外界因素变化而不断调整。

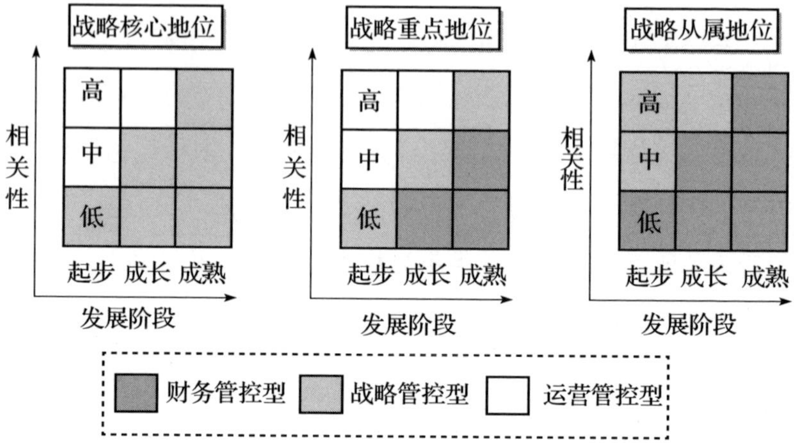

图 10－4　管控模式的确定

资料来源：仁达方略数据库。

金控集团总部对下属成员企业的管控，按集分权紧密程度划分为运营控制型、战略控制型和财务控制型三种基本模式，其中，运营控制型、财务控制型分属于集权与分权的两个极端，战略控制型则处于中间状态，参照金控集团类型属性可进一步细分为战略经营型和战略设计型，前者偏重于集权，后者偏重于分权。

光大、平安、中信三大金控集团在企业性质、管控模式、商业模式等方面存在较大差异，企业体制、机制和文化，公司治理理念，集团与子公司的管理也都遵循各自管控逻辑，形成独特管控模式。中信集团为“联邦制”，光大集团属“邦联制”，平安则形成偏向战略设计型的管控模式。用图形来表达三家金控集团的管控模式，光大、中信是“伞型”，各自为政，平安则是“橄榄型”。

以平安金控为例，平安集团掌舵人马明哲将平安金控公司的管控模式概括为“16 字方针”：集团控股，分业经营，分业监管，整体上市，其特点如表 10－1 所示。

表 10－1　平安战略设计型管控模式特点

序号	主要特点
1	母公司本身不经营具体业务，只以股权为纽带，董事会为管道，控股经营保险、银行、证券、信托、资产管理等子公司
2	总部负责集团发展战略、统一规划和重大投资决策，对下属各专业子公司均高度控股，通过股权控制和完善的公司治理结构对所属企业统一管理，各子公司则独立经营
3	平安集团与“一行两会”共同对子公司形成“双重管控”，包括审计、财务管控、合规内控、计划执行、高管问责等
4	总部承担“战略方向盘”“经营红绿灯”“业务加油站”三大职能，最大限度实现内部资源充分共享、战略协同效应

平安金控业务布局打造“4－2－3＋1”阵型“平安战车”，即：

后场“4”——全方位风险管控，指集团投资管理中心、集团资金中心、集团内控中心和集团品牌＆投资者关系管理。确保整个集团面临的风险在警戒线以下，保障集团资金、资产和品牌安全。前锋、中场、后卫，各司其职，攻守进退高效配合，推动平安集团综合金融业务模式持续发展。

中场“2”——支撑业务的“双引擎”，指集团企划＆人力资源中心和由平安科技、平安数码科技及平安金融科技组成的科技中心。企划＆人力资源中心负责集团战略管理、绩效考核、重大投融资决策、人力资源调配；科技中心则负责建立集团内部统一的金融后台处理中心，形成综合金融大后援，实现科技引领金融。

前场“3＋1”——价值创造中心，指集团通过下属控股专业子公司开展保险、银行、投资三大传统金融业务，加上由平安陆金所、支付业务、平安好车、万里通、移动社交金融门户等组成的非传统金融业务即互联网金融业务。传统金融业务以“综合金融，贡献利润”为核心，非传统金融业务以“互联网门户战略，贡献价值”为核心。

平安金控战略设计型管控模式，其实质是由集团公司控股，各子公司分业经营，同时在子公司之间加强业务合作，既能有效防范风险，又能充分发挥子公司之间的协同效应，实现了风险与效率之间的平衡。

二、金控集团总部定位

总部的功能定位是整个金控集团各管理层级功能定位的基础，很多大型金控集团组建之后管理陷于混乱，都是总部功能定位不清晰造成的。

一般说来，金控集团总部定位要以价值创造为核心，适应战略发展阶段、竞争赋予总部的服务支持、战略管理、战略协同和经营发展等一些特定关键功能。

不同的管控模式下，总部的功能定位侧重点有所不同。如财务管控型模式下，总部一般侧重于投资和财务管理，其他功能则被弱化或取消；战略管控型模式下，总部功能侧重于战略管理和投资管理；运营管控型模式下，更强调总部运营中心的职能。

研究发现，金控集团总部功能定位总是受到金控企业战略发展阶段、所属金融行业特点、全球及国内经济环境与国际竞争、股权或产权控制、集分权程度、管控模式、重大金融监管政策等多种因素综合影响，总部定位因而成为选择确定金控集团管控模式的关键。

鉴于此，大型金控集团应借鉴跨国公司“法人治理”“总部价值创造”模式经验，科学运用“战略三角”模型，结合自身资源、能力以及所处战略发展阶段，探索符合中国国情，能够提升总部核心能力的定位模式，找准自身的功能定位，实现可持续发展。

金控集团战略管控能力主要体现在集团总部对集团以及各下属公司和事业部战略评价选择能力、业务计划与行动方案审查能力、战略实施业绩评估能力上。金控集团并不是两个或者两个以上的单体公司的简单相加，而是为了产生 1＋1＞2 的

“母合优势”。因此，金控集团还要培养并强化资源整合能力，对下属业务单元的核心资源、总部资源以及外部资源进行有效整合配置，实现资源协调共享和有效利用。

三、国内金控集团责权体系

明确责权体系是金控集团管控的灵魂，是金控集团组织体系有效运行的保障。责权体系划分与金控集团战略目标、法人治理结构、组织结构、业务流程紧密相连，是金控集团管控体系的重要组成部分，是实现金控集团总部与各业务单元集权与分权管理的有效手段（见图 10－5）。

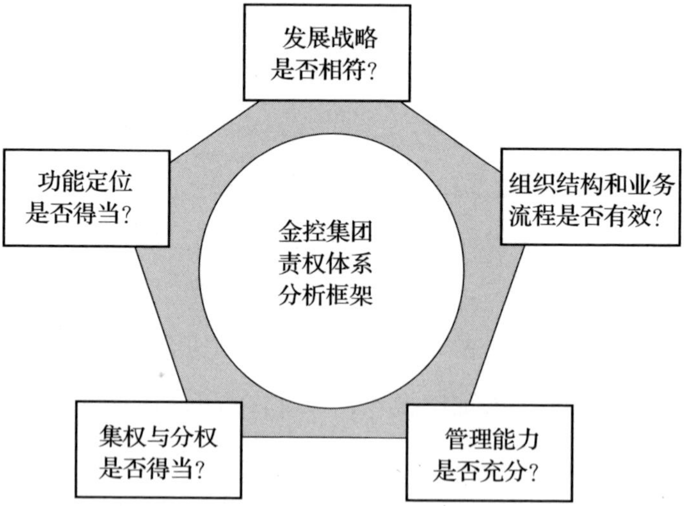

图 10－5　金控集团责权体系分析基本框架

资料来源：仁达方略数据库。

关于国内金控集团责权关系划分基本原则、不同管理层级之间的责权划分、责权划分所要达成的最终目标等，可以参照本书第五章第一节的相关内容，在此不再赘述。

第三节　金控集团管控典型案例

一、通用汽车：组织管控

20 世纪初的并购战略使得通用汽车领导权完全集中在少数高级领导人身上，然而事与愿违，这种组织结构造成了公司各部门经营混乱的局面。

1910—1920 年通用汽车内部一直尝试改变管理混乱的局面，但效果不佳。1920 年下半年，汽车市场发生波动，各子公司的预算严重超支，汽车库存量开始大量增加，随之而来的是公司股价大幅下跌。致使通用汽车在 1920—1921 年的经济危机中摇摇欲坠。

1921 年斯隆在《组织研究》报告中，提出通用事业部制组织变革，建议将力量最强的汽车制造单位集中成几个部门。通用汽车组织结构改造如图 10 - 6 所示：

自从斯隆实行事业部改革之后，通用汽车公司一举超越福特汽车，成为美国乃至世界汽车产业中的翘楚，在《财富》500 强中也名列前茅。

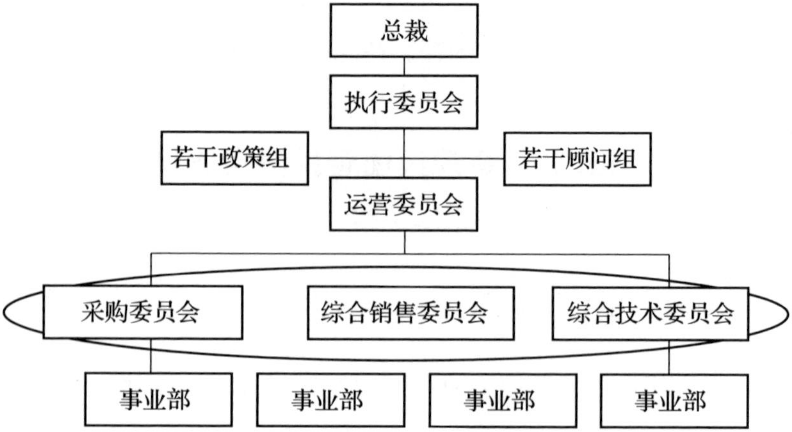

图 10－6　通用汽车组织结构改造

二、复星集团：人才管控

复星集团是一家专业化的中国多产业控股公司，创建于 1994 年，是中国最大的民营控股企业集团之一，拥有医药、房地产开发、钢铁及零售业务投资四个具有竞争优势和增长潜力的主导产业板块。复星在 10 年中创造了近百亿净资产的神话，成为中国民营企业三甲。

1. 复星管理的奥秘

在复星的团队决策机制中，专业人士和一把手的权重比较大，采纳的是最专业人士的意见，形成 1＋1＞1 的效果。

2. 360 度评价法——让每个人正确认识自己的优缺点

为了让所属企业领导班子发挥团队的组合作用，引导每个人正确认识自己和他人的优缺点，复星采取了一套卓有成效的办法，即“360 度评价法”——在专业管理水平、拓展能力、领导艺术和战略思考能力四个方面各出 3～4 题，对个人进行考评，上级对其进行署名评价；同僚和下级对其进行匿名评价。考评不与工资挂钩，仅用来评价能力的强弱。

3. 对出资人代表的管理机制

复星对出资人代表的管理机制也是与其三层级管理体制紧密相连的。复星在产业板块层面和产业公司层面都会派有出资人代表。出资人代表（专职监事）并不直接参加和干预日常的经营管理，其主要职责是配合、支持、监督具有高度专业性的管理团队。复星出资人管理的机构是公司的董事会，由公司董事会组织战略部、财务部和审计部门进行出资人代表管理。

4. 管理层持股机制

对于致力于做投资银行的复星来说，投融资的现金固然非常重要，但企业运行支撑的基础还在于产业，也就是经营活动。“上面两个层次平台能否立得住脚，最根本的、最重要的基础在于第三层次的专业公司，”郭广昌非常明白这一点，“我们的现状是，贷款规模越来越大，如果我们自身的造血功能不强的话，资金链的压力会越来越大。”

5. 人力资本管理机制

复星从来不对高级人才实行定编、定岗、定责式的管理，这种“三定”管理方式只在复星的基层员工管理中才用。高级人才的激励方案不与纵向比（同一岗位的历史比）、不与横向比（集团同一级别、规模的其他人比），主要与人才的市场行情比，与人才进入企业后可能带来的价值比。高级人才引进上的“一人一议”政策，极大地加强了复星与国有企业甚至外资企业的人才竞争力。

6. 人才培养计划

随着知识经济时代的来临，为了尽快构建复星的人才资源高地，培养员工忠诚敬业的职业意识，培养员工共同发展的团队意识，培养员工完善自我的成长意识，在共同探讨、反复商议的基础上，复星制定并实施了以职业发展、职业培训、职业福利为重要内容的全方位的人才培养计划。

正是这样一种企业精神和团队创业氛围，吸引了来自全国知名高等学府的专业人才，吸引了来自国有大中型企业、政府管理部门和事业单位有实践经验、综合素质较高的青年干部，还吸引了从海外学成归来的博士和硕士，他们已经成为复星经营和管理的骨干力量，一批年轻的高级经理和总经理型的人才正在脱颖而出。

三、中远集团：综合管控

中国远洋运输（集团）总公司（以下简称“中远集团”），前身是 1961 年成立的中国远洋运输公司，是我国最大、全球第二大航运企业集团。其航线覆盖五大洲，遍及 160 多个国家和地区的 1 300 多个港口，在 50 多个国家和地区设有公司和办事机构，海外资产占集团总资产的一半，拥有中国香港、欧洲、美洲、新加坡、日本、澳大利亚、韩国、非洲和西亚 9 个区域公司。海外有四家上市公司，其中两家为蓝筹股。海外共有近5 000名员工，其中中方外派人员仅占1/10左右。

国务院国资委鼓励大型企业实现主业整体上市、开展主辅分离、打造30～50家有国际竞争力的跨国企业集团，中远集团公司明确职能定位，选准管理模式，理顺集团关系，做好主辅分离和改制工作，加快自身转型。

1. 主辅分离、辅业改制

2004年初，集团召开了主辅分离、改制分流工作动员大会，提出《中远集团主辅分离、改制分流总体方案及第一批改制分流方案》，企业改制中着重抓住下述环节：一是明确基本原则，掌握改制目标——“坚持两个确保”：确保稳定，确保国有资产不流失。二是在改制对象上，集团明确，凡是在中远集团系统内全资、控股的二级及以下企业，经批准均可以进行改制。这几年的改制重点是引进外部资本壮大主业，中国远洋成功上市即是重要突破。三是抓紧实施主辅分离、辅业改制，放开搞活辅业，目前已经有12家单位正在实施改制方案。此外，还清理、关闭了200多家三级以下企业，主要是一些不良、休眠、濒危的小企业。

2. 集团公司功能定位

集团总公司功能定位于战略决策中心、资本运营中心、管理统筹中心，其主要功能是：对子公司按照现代企业制度履行出资人职能，形成规范的三层法人结构，进一步完善系统内各级公司法人治理结构；推进主业的产权多元化，优化资源配置，提高主业融资效率；按照现代企业制度要求，规范子公司股东会、董事会、监事会和经营管理者的权责，明确董事、监事管理工作程序，形成权力机构、决策机构、监督机构和经营管理者之间的制衡机制；构建适合集团发展战略和业务结构要求、职能定位明确、有利于加强内部监管、降低管理成本、规避财务风险、运作高效的内部组织结构。

3. 转型阶段风险控制

转型分为三步：

第一步：把主营业务突出，剥离非核心业务及资产、人员；

第二步：提高主营业务效益和效率，进入资本市场；

第三步：梳理存续业务和资产、人员，协调上市与非上市部分的关系，实现可持续发展。

企业经营主要有三大风险：一是“造血”风险，表现为主营业务不赚钱；二是“淤血”风险，表现为资金沉淀在下属公司；三是“流血”风险，表现为乱投资，没有回报。而这三大风险在海外经营中更容易发生。为此要做到以下三点：一是增强“造血”机能，立足于发展主业提高效益；二是制止“淤血”重演，强化以财务管理为核心的企业管理，精细成本核算，特别是推进以六西格玛为重要手段的精益管理，突出集团一盘棋的全局意识，严守集团做出的资金统筹管理的决定；三是防止“流血”事件，严格投资审批程序，同时建立科学严格的监督审计制度。

4. 总体评价

总体上讲，中远集团目前正处于改革与转型的关键阶段。一方面，集团近一半的资产和业务已经进入各上市公司；另一方面，绝大多数以船员为主体的员工并未进入上市公司。今后，存续业务和人员如何安排以及与上市公司的关系将是中远面临的重大挑战，集团转型的任务仍很艰巨。

（一）中远集团的战略规划与制定

1. 风险分析

全球石油价格持续升高会在航运低谷期削弱企业盈利能力，影响企业的发展。能源问题突出，在运输业务增长的同时，面临节约能源的挑战，需要加大节约能源的技术和设备的投入。

2. 可持续发展的机遇

中国经贸及航运市场的发展，对国际航运市场发展发挥着越来越重要的影响。“中国因素”的出现，为中远集团的发展提供了战略机遇。

构建和谐社会是一项崇高而伟大的社会工程，需要全国上下共同努力才能实现，而作为经济主体的中国企业的参与尤其重要。作为关系国家安全和国民经济命脉的国有重点企业，中远集团更要在建设和谐企业中走在前面，为构建和谐社会做出贡献。

3. 总体战略制定

（1）中远的使命：逐步确立在航运及物流业中的领先地位，

保持与客户、员工和合作伙伴诚实互信的关系，最大限度地回报股东、社会和环境。

（2）远景战略目标：由全球承运人向以航运为依托的全球物流经营人转变，由跨国经营向跨国公司转变，实现企业的可持续发展。

（3）战略目标定位：中远集团要成为全球物流经营人和世界级跨国公司，国际化经营指数达到世界级跨国公司水平，销售收入达到世界500强水平，作为国际航运物流业的系统集成者，打造百年中远。

在维护职工合法权益的基础上，争取职工福利与企业的发展相适应。推进企业文化和职工队伍建设，维护职工的根本利益和长远利益，完善企业与职工共同发展的协调机制，以发展促和谐，以改革谋和谐，以稳定保和谐，以创新求和谐，以公正创和谐，以文化塑和谐，创建和谐企业。

加快推行以六西格玛为核心的精益管理，进行集团管理和业务流程的再造，提高生产经营和资本经营的流程效率和创利能力，消除资源浪费，最大限度地减少企业在生产管理中所占用的资源，降低企业管理和运营成本，实施扁平化管理和集成管理，有效推进成本管理优先战略，提高战略规划能力和执行效率，有效控制战略风险和决策风险，将中远集团打造成有卓越管理能力的跨国企业。

激励和监督各公司高级领导层对安全工作的责任感，促进公司高级管理层安全管理实施力度。

（四）中远集团的风险管控

在近几年我国海外企业经营屡屡发生重大风险事件（如新加坡中航油事件等）的背景下，中远所属各海外公司严格按照集团的统一要求，不断健全制度、加强监管，持续确保了企业的稳健经营。由于把中远特色的管理同国际上先进的航运管理融合起来，中远各海外公司不但保证了稳健经营，管理水平也不断提高。

2006 年 2 月中远（集团）总公司综合管理体系通过了挪威船级社、中国船级社质量认证公司和中国安全生产科学研究院审核认证中心的联合认证。它们对中远（集团）总公司的全面风险管理体系进行了初步评价，认为：中远（集团）总公司建立的现代企业管理体系具有国际先进水平，具有前瞻性和系统性，体现了以科学发展观统领全局，为中远集团实现跨越式发展打下牢固的基础。

图书在版编目（CIP）数据

集团管控/王吉鹏著. —5 版. —北京：中国人民大学出版社，2020.5
ISBN 978-7-300-27929-9

Ⅰ.①集… Ⅱ.①王… Ⅲ.①企业集团-企业管理 Ⅳ.①F276.4

中国版本图书馆 CIP 数据核字（2020）第 025889 号

集团管控（第五版）
Jituan Guankong
王吉鹏　著

出版发行	中国人民大学出版社		
社　　址	北京中关村大街 31 号	**邮政编码**	100080
电　　话	010－62511242（总编室）		010－62511770（质管部）
	010－82501766（邮购部）		010－62514148（门市部）
	010－62515195（发行公司）		010－62515275（盗版举报）
网　　址	http://www.crup.com.cn		
经　　销	新华书店		
印　　刷	北京联兴盛业印刷股份有限公司		
规　　格	148 mm×210 mm　32 开本	**版　　次**	2020 年 5 月第 1 版
印　　张	10.25　插页 2	**印　　次**	2024 年 5 月第 3 次印刷
字　　数	200 000	**定　　价**	55.00 元